NEW
대한민국
청약지도

NEW 대한민국 청약지도

정지영(아임해피) 지음

한 권으로 끝내는 청약 당첨 전략의 모든 것

다산북스

여러분의 숨어 있는
'청종'을 찾아드립니다

요즘 가장 자주 듣는 말이 하나 있습니다.

"선생님, 저 청약할 수 있을까요?"

언제부터일까요. 청약은 넘볼 수 없는 존재가 되었습니다. 집이 꼭 필요한 사람들에게 내 집 마련을 가장 쉽게 할 수 있도록 마련된 제도가 바로 청약인데, 이제는 '로또'라는 별명으로 더 자주 불리고 있으니까요. 여러분이 생각하는 청약은 어떤 모습인가요? 60점이 넘는 고가점자가 수두룩해서 20~30대는 감히 엄두도 못 낼 것 같나요? 한평생 무주택자도 당첨되기가 힘들다던데 하물며

1주택자에게 청약으로 갈아타기란 꿈도 못 꿀 일일까요? 다주택자에게는 언감생심 넘볼 수도 없다고요? 그런 여러분에게 2023년 청약이 얼마나 새로워졌는지를 이야기해 주고 싶어 지금 이 편지를 쓰게 되었습니다.

"세대주만 청약이 된다던데, 부모님과 함께 사는 저는 청약을 포기해야겠죠?"

"아닙니다. 이젠 강남, 서초, 송파, 용산을 제외한 대한민국 전 지역이 비규제지역이 된 만큼 세대원도 1순위 청약을 할 수 있습니다."

"그래도 가점이 너무 낮아서 당첨은 포기했어요."

"추첨제가 얼마나 많아졌는지 알면 깜짝 놀라실걸요? 비규제지역에서는 85㎡ 이하 평형에도 추첨제 물량이 60%나 됩니다. 규제지역에도 평형에 따라 추첨제 비중이 늘었고요. 중소형 평형에서 7년 만에 추첨제가 부활한 만큼 청약은 꼭 하셔야 합니다!"

"청약통장을 만든 지 1년밖에 되지 않았는데, 고작 이 정도로 가능성이 있을까요?"

"12개월만 지나면 당신의 청약통장도 수도권 1순위 통장이 됩니다."

"중도금 대출이 안 나오면 목돈이 필요한데, 저는 돈이 없어요."

"걱정하지 마세요. 분양가 12억 원 이하만 가능하던 중도금 대출이 이제는 분양가에 상관없이 모두 가능해졌습니다. 비규제지역에서는 세대당 2건도 되고요. 잔금대출 계획만 착실하게 세우면 문제 없습니다."

"잔금 치를 돈이 하늘에서 떨어지진 않잖아요. 분양권 전매도 안 되고……"

"분양권 전매제한이 크게 완화됐습니다. 분양권 상태에서 사고 팔 수 있는 청약 단지를 골라 도전해 보세요. 입주를 못 한다면 프리미엄을 받고 파는 것도 좋은 방법입니다."

많은 질문 속에서 여러분이 이토록 헤매고 있다고 생각하니 얼마나 가슴이 답답하던지요. 어서 빨리 이 책을 써야겠다고 마음먹었습니다. 2023년 아임해피는 왜 청약에 주목하는지, 어째서 이처럼 자신 있게 청약을 권할 수 있는지 하루빨리 들려드리고 싶었습니다. '돈이 없고, 가점이 없어도 청약을 할 수 있다!'라고요.

이번에 아들이 대학입시를 준비하며 한 가지 깨달은 게 있습니다. 대입과 청약이 어쩜 이리도 닮아 있는지를요. 대학을 가는 방법에는 수시와 정시가 있습니다. 그런데 여러분, 대학을 수시로 가는 방법이 얼마나 많은지를 아시나요? 고3 엄마가 되고 나서야

아들의 학생부를 미리 신경 써주지 못한 게 한이 되었습니다. 이사를 그토록 많이 다녔으면서 우리 아들 농어촌 특별전형을 만들어 줄 생각은 왜 못 했을까. 3월 모의고사 성적표를 받아들고서 한참을 자책했습니다.

청약에도 대입의 수시와 같은 특별공급 전형이 있습니다. 신혼부부 특별공급은 혼인신고 후 7년 동안만 사용할 수 있고, 새 아파트가 분양하는 지역에 거주해야 유리한 조건도 있습니다. 청약통장을 늦게 개설해서, 부양가족이 없어서, 무주택기간이 짧아서 청약의 정시와도 같은 가점제를 공략할 수 없다면, 다양한 특별공급의 포트폴리오를 마련해 새 아파트 당첨의 기쁨을 누릴 수 있습니다. 간절히 합격을 바라는 수험생의 마음으로 청약 전략을 세워보세요. '학종'도 일찍 준비할수록 유리하듯이, 이 책이 여러분의 '청종'을 만드는 데 지름길이 되어줄 것입니다.

'꼭 청약을 해야 하나요?' 이 질문이 제게는 '꼭 대학에 가야 하나요?'처럼 들립니다. 물론 성공에 도달하기까지 여러 루트가 있듯이, 내 집 마련에도 다양한 방법이 있습니다. 하지만 저는 청약이야말로 내 집 마련을 가장 쉽고 저렴하게 할 수 있는 방법이라고 확신합니다. 부동산은 주식과 달라서 마음먹었을 때 곧바로 사고팔 수 없습니다. 그렇기에 미래가치가 중요합니다. 청약을 공부하다 보면 허허벌판이던 택지지구가 화려한 신도시로 변신하고, 자신이 눈여겨봤던 단지에 프리미엄이 붙는 걸 지켜보면서 부동산 투자의 원리를 자연스럽게 몸으로 익히게 됩니다. 그러니 무조건 '나는 안 된다'는 생각으로 아까운 시간을 낭비하지 않기를 바랍니다. 당신도 청약에 당첨될 수 있습니다.

아임해피 정지영

일생에 한 번은
반드시 청약을 공부하라

"집값이 너무 비싸니 도무지 살 엄두가 안 나요."

"대출받기도 어렵지만 이자 감당은 또 어떻게 하고요."

"지금 덜컥 샀다가 집값이 떨어지면 어떡해요."

"당장은 준비가 안 돼서요. 언젠간 내 집을 갖게 될 날이 오겠
죠."

"저도 정말 새 아파트 갖고 싶어요."

부동산 강의나 인터넷 카페에서 만난 사람들이 고민과 걱정을
가득 안고 내게 토로하는 말이다. 내가 속 시원히 해답을 줄 수 있
으면 좋으련만, 각자가 처한 사정이 다르다 보니 그러지 못해 안

타까운 마음이 들 때가 많다.

"언젠가……"라는 말 속에 담긴 가느다란 희망 한 줄기가 내내 마음을 붙잡는다. 그들이 그토록 바라는 '언젠가'라는 게 정말 오기는 할까? 간절히 기다리고 또 기다리다 보면 그 '언제'가 오긴 올까? 막연하게 때를 기다리고만 있다가 영영 붙잡을 수 없는 '한여름 밤의 꿈'이 되어버리면 어떻게 해야 할까?

많은 사람이 "모든 사정이 다 갖추어졌을 때 내 집을 마련하겠다"라고 말한다. 그런 말을 들으면 나는 그들에게 다시 역으로 질문한다. "모든 게 다 갖추어졌을 때라는 게 대체 언제인가요?" 아파트 가격이 충분히 내리고, 통장에 어느 정도 돈이 모이며, 때마침 아이가 초등학교에 입학할 그 시점 말인가? 이렇게 운과 때가 딱 들어맞는 순간이 오기는 할까?

아마도 '내가 기대하는 만큼 집값이 충분히 내려가는 때'는 만나기 어려울 것이다. 내가 사고 싶은 아파트가 가장 저점일 때가 언제인지는 그 누구도 예측할 수 없기 때문이다. 돈이 충분히 모이는 때 역시 언제가 될지 모른다. 집값이 오르면 필요한 돈은 더 많아지고, 상황에 따라 필요한 자금 수준도 계속 달라지기 때문이다. 아이가 초등학교에 입학할 때쯤 집을 사겠다고 해서, 그때 내가 살고 싶은 지역에 마음에 드는 매물이 턱 하고 나오리라는 보장도 없지 않은가?

평생 내 집 없이 살아도 괜찮다고 생각한다면, 그것도 각자의 존중할 만한 선택이니 굳이 집을 사라고 강요할 수 없는 노릇이다. 하지만 '언젠가' 내 집을 살 계획을 갖고 있다면, 그때를 어느 시점 이후로 미뤄둘 이유 또한 전혀 없다. 아니, 오히려 적극적으로 계획을 세우고 실행해야만 그 '언젠가'가 더 빨리 내게로 다가올 것이다. 오랫동안 부동산 시장을 지켜보고 수많은 사람에게 '내 집 마련'의 꿈을 실현시켜 준 내 경험상 절대적으로 그러하다.

내가 꼭 '새 아파트'를 갖고 싶었던 이유

나는 어렸을 때부터 '정말 내 집이 갖고 싶다', '언젠가는 꼭 새 아파트를 사겠다'고 절실하게 바랐던 사람이다. 1974년에 태어난 내가 성장하던 시절은 대한민국에 막 아파트가 보급되던 때였다. 나는 안양시에서 자랐다. 아파트가 들어서기 전에는 '별방마을'이라고 불리던, 별이 참 많이 보이던 동네였다.

그러나 내게 안양시 평촌은 '애증의 도시'였다. 초등학교 6학년 때 아버지가 사업에 실패하면서 우리 가족은 계속 월셋집을 전전했다. 매달 어렵게 돈을 융통해 집주인에게 월세를 건네던 엄마의 모습이 아직도 눈에 선하다. 화장실 한번 가는 게 너무나 두려웠던 집, 여름에는 용광로보다 더 뜨겁고 겨울에는 밖이 더 따뜻하다고 느낄 만큼 열악했던 집, 나는 그 집이 너무나 싫었다. '어떻게 하면 이 지독한 상황에서 벗어날 수 있을까?' 어린 마음이었지만 매일매일 그런 생각을 했다.

그즈음 1기 신도시가 들어섰다. 평촌도 신도시가 되어 아파트가 세워지기 시작했다. 같이 놀던 친구들은 하나둘 '관악아파트', '초원대림아파트' 등 새로 생긴 아파트로 이사를 갔다. 친구를 따라 처음 아파트에 가본 날, 그때의 충격은 아직까지도 내 마음속에 그대로 남아 있다. 꿈같은 집, 한 번도 느껴보지 못한 아늑함에 말문을 잃을 정도였다. 식탁 위에 매달린 작은 조명까지도 반짝였고, 그런 아파트에 사는 친구가 정말 부러웠다.

'우리는 왜 이런 곳에 살지 못하는 걸까?'
'저 수많은 아파트 불빛 중에 왜 우리 집은 없는 걸까?'

친구네 집에서 나와 우리 집으로 걸어가는 그 길이 그렇게 슬플 수가 없었다. 헛헛한 마음으로 발걸음을 옮기던 그날, '새 아파트에 들어가는 것'은 나에게 가장 큰 꿈이 되었다. 실제로 밤에 꿈도 많이 꿨다. 아버지가 내게 "지영아, 우리도 아파트에 당첨돼서 이사 갈 거야"라고 말하는 꿈. 그러나 그때의 꿈은 현실이 되기에 너무도 먼 이야기였다.

대학에 들어가서도 아파트에 사는 사람들에 대한 부러움은 계속됐다. 과외 아르바이트를 하면서 여러 아파트에 드나들다 보니, '아파트에 살고 싶다'는 바람은 더욱 커져만 갔다. 그러다가 대학을 졸업하고 취업의 문턱을 넘자 '내 집 마련'에 대한 꿈이 더욱 간절해졌다. 안양에서 서울로 출퇴근하는 길이 너무 멀고도 험했고, 직장 동료의 자취방에 월세만 보태어 얹혀사는 일 역시 내 맘 같지 않았기 때문이다. 나는 진짜 내 집, 새 아파트가 너무너무 갖고 싶었다.

청약으로 부동산 투자의 첫 단추를 채우다

그때까지만 해도 절실함은 있었지만 '무엇을 어떻게 해야 할지'는 아무것도 모르는 상태였다. 그러던 어느 날, 한 선배의 이야기가 내 귀를 사로잡았다.

"1년 전에 내가 분당 야탑아파트 분양에 당첨됐거든. 근데 그게 벌써 시세가 1억 원이나 올랐더라고!"

나는 선배를 붙잡고 다짜고짜 캐물었다.

"어떻게 하면 그런 아파트에 당첨될 수 있는 거예요?"

"너 청약통장은 갖고 있어?"

"아니요."

"뭐하고 있었어. 당장 그것부터 만들어!"

그렇게 처음 청약통장을 만들었다. 그때가 1998년, 스물다섯 살 무렵이었다. 매달 열심히 불입을 하며 청약에 당첨될 날만 기다렸다. 그렇게 2년이 흘러 2000년 초에는 그다음 해에 결혼을 앞두고 있어서 여러 아파트의 모델하우스를 많이 보러 다녔다. 수원, 화성, 용인 등지에 들어설 아파트의 모델하우스는 죄다 훑었던 것 같다. 그러나 내가 집을 마련하려고 했던 의왕에는 분양을 받을 만한 아파트가 마땅히 없었다. 결혼이 다가올수록 내 집 마련에 대한 고민은 더욱 깊어졌고, 부동산 초보 시절이라 대출받는 게 두려웠던 나는 결국 새 아파트 장만을 포기하고 전셋집에 신혼살림을 꾸렸다. 이 선택은 내가 지금까지도 두고두고 후회하는 일 중 하나다.

처음 청약에 당첨된 때는 2004년 3월이었다. 그러니까 청약통장을 만든 시점으로부터 6년여가 흐른 후였다. 의왕에 있는 아파트에 당첨됐는데, 이 역시 내가 겪은 시행착오 중 하나다. 당첨 의욕이 너무 앞선 나머지 당시 내 상황에 맞지 않는 선택을 했던 것이다. 한 번 당첨이 되고 나니 '재당첨제한'에 걸려 한동안 분양아파트는 쳐다도 보지 못했다. 그즈음 동탄1신도시에서 아파트 분양이

활발하게 이루어졌다. '이게 바로 내가 넣어야 할 청약이야!'라는 생각이 번쩍 들었지만 때는 이미 늦은 후였다. 부랴부랴 다시 청약통장을 만들어도 봤지만, 결국 동탄에 분양받은 지인을 부러워하는 수밖에 없었다.

그렇게 여러 시행착오와 후회를 거치며 나는 '내 집 마련'과 '부동산 투자'에 대해 본격적으로 알아가기 시작했다. 청약으로 부동산에 눈을 뜨고, 투자의 첫 단추를 채운 셈이다. 이후로도 열심히 책을 찾아 읽고 강의를 들으러 다니며 손품, 발품을 팔아 아파트 단지와 주택가를 열심히 돌아다녔다.

30대 시절은 그야말로 부동산과 완전히 '한 몸'이 되었다. 청약은 물론 분양권, 재개발·재건축, 경매, 전·월세 투자 등 영역을 넓히며 공부하고 투자했다. 처음 집을 샀을 때는 심장이 떨려서 3박 4일을 뜬눈으로 밤을 지새웠다. 그렇게 한 해 한 해를 보내자 나만의 경험과 노하우가 쌓였다. 어린 시절, 빽빽한 아파트 불빛을 보며 꿈을 키웠던 나는 결국 20년 만에 평촌에만 아파트 다섯 채를 가지며 해묵은 한을 풀었다.

돌이켜보면 정말 절실하게 부동산에 매달려 살아온 시간이었다. 그리고 사실 그 안에는 그럴 수밖에 없었던 내 나름의 사연도 있다. 2011년에 나는 건강검진을 받으며 갑상선에 혹이 있다는 진단을 받았다. 처음에는 큰일 아니겠거니 생각했지만, 정밀검사 끝에 암 판정을 받았다. '청천벽력'이라는 말이 이럴 때 쓰는 말이구나 싶었다. 한창 경매 투자로 고군분투하고 있던 때였다.

'정말 열심히 살았는데, 내 의지대로 안 되는 일도 있구나……'

암 판정을 계기로 나는 인생에 대해 정말 많은 것을 되돌아보게 되었다. 좋지 않은 생각들이 머리를 스칠 때마다 이렇게 마음을 다잡곤 했다.

'나는 내가 할 수 있는 것을 계속하면 된다. 내가 잘하는 것, 좋아하는 일을 하며 살자. 그 일로 남을 도울 수 있다면 더 바랄 것이 없겠다.'

어렸을 때부터 길눈이 밝고 집에 관심이 많았던 나는 부동산을 공부하고 투자하는 일에 행복을 느꼈다. 그게 '천직'이라고 생각했고, 그래서 더 열심히 했다. 매일 부동산과 관련된 자료들을 모으며 전국으로 현장 조사를 다녔다. 그렇게 일에 빠져 살다 보니 시간이 정말 빠르게 지나갔다. 내가 많이 아팠다는 사실조차 잊어버렸다.

부동산 투자를 하며 가장 좋았던 점은 '내 자신이 매우 긍정적인 사람이 되었다'는 것이다. 내 인생에 대해서도, 투자에 대해서도 그러했다. 사실 투자를 하려면 긍정적인 사고를 가질 수밖에 없다. 떨어지기를 바라고 투자를 할 수는 없으니 말이다.

부동산 투자를 하면서 늘 느끼는 것은 '완벽한 때란 결코 없다'는 사실이다. 언제나 많은 변수와 어려움이 생기기 마련이다. '모든 것이 갖추어졌을 때'란 결국 자신이 선택해야 하는 문제다. 좋은 기회는 언젠가 찾아오는 것이 아니라, 지금의 상황에서 최선의 길을 찾아 나서야만 마주할 수 있다.

내 집 마련을 꿈꾸고 있는 수많은 20~30대 청년들에게, 나는 막연한 희망이 아니라 실현 가능한 희망을 전해주고 싶다. 각자의 상황에서 어떤 도전을 할 수 있는지 길을 열어주고 싶다. 이 책에서 이야기하는 것들이 늘 정답이 될 수는 없을 것이다. 그러나 예전의 나처럼 내 집 마련에 대한 절실함을 가진 이들에게는 하나의 유용한 안내 지도가 될 것이라 생각한다. 그 이야기와 방법들을 이 책에서 하나씩 풀어보고자 한다.

누구나 쉽게 청약을 정복할 수 있기를!

요즘 사회 초년생들도 청약통장 하나씩은 다 갖고 있다. 부모님이 선물처럼 들어놓았을 수도 있고, 주변의 성화에 못 이겨 오래전에 가입만 해둔 경우도 있다. 하지만 살아 있는 통장의 개수에 비해 그 가치와 쓸모를 잘 알고 있는 사람은 정말 드물다. 사람들에게 "왜 청약통장을 묵혀만 두세요?"라고 물어보면 "청약 관련 제도나 내용이 너무 어려워서 쉽사리 도전하기가 힘들어요"라고들 이야기한다. 가점이며 1순위 조건, 당해 자격 등 알아야 할 내용이 굉장히 많고, 용어 자체도 어렵다는 것이다. 제도 또한 워낙 자주 바뀌는 데다가 당첨되기도 '하늘의 별 따기'라고 하니, 청약을 '나와는 다른 세상 이야기'라고 생각하는 듯하다.

그러나 청약을 꼼꼼히 공부하고 들여다보면 분명히 여러 갈래의 기회가 있다. 아무리 장애물 경기처럼 어렵다고 해도 누구나 의지를 가지면 제대로 이해할 수 있고, 아무리 문이 좁아졌다고 해도 그 틈새를 잘 활용해 내 집을 마련한 사람도 정말 많다. 포기하지 않고 한 발짝만 더 내밀어보는 것, 그만큼의 노력만 있으면 이 책에서 반드시 당첨의 길을 찾을 수 있을 것이다.

'지피지기면 백전불태'라고 하는데 청약 역시 마찬가지다. 제대로 알고 활용하면 기회와 행운을 거머쥘 수 있고, 잘 모르고 뛰어들면 '부적격 처리'로 당첨이 취소되거나 예전의 나처럼 '재당첨 제한'에 발목을 잡힐 수도 있다. 그래서 우리에게 필요한 게 '전략적 플랜'이다. 자신의 상황부터 잘 파악하고, 정보를 꼼꼼히 수집한 뒤 조사한 후 청약이라는 문을 두드려야 한다.

요즘 부동산 시장에서는 '청약 고시'라는 말이 유행하고 있다. 인터넷을 검색하면 여러 내용이 나오긴 하지만, 제도도 워낙 자주 바뀌고 단편적으로 접근한 자투리 정보가 흩어져 있는 탓에 오히려 헷갈리게 만드는 경우가 많다.

'누구나 책 한 권으로 청약과 분양시장에 쉽게 접근할 수 있도록 체계적으로 정리해 보자!'

그래서 이 책에는 청약에 대한 마인드를 다지는 일부터 청약의 기초와 실전 지식을 쌓고, 전략을 배워 대안까지 도출해 낼 수 있도록 다양한 실제 사례를 상세히 풀어내고자 노력했다. '어떻게 하면 똑똑한 새 아파트를 내 집으로 만들 수 있는지', 이 책이 자신만의 계획을 세우고 최선의 선택지를 찾는 데 도움이 되기를 바란다.

여전히 누군가는 지금부터 시작해도 당장 집을 살 수 있는 건 아니라며 또다시 내 집 마련을 나중의 일로 미룰지도 모른다. 그런 사람들에게 나는 이렇게 강조하고 싶다. 설령 그렇더라도 청약 공부만큼은 지금 당장 시작하라고 말이다.

나 역시 스물다섯 살에 청약통장을 만들고 바로 공부를 시작했지만, 실질적으로 처음 집을 산 건 삼십 대에 들어서였다. 청약 지식부터 차근차근 쌓았기 때문에 이를 씨앗 삼아 하나씩 이룰 수 있었고, 지금까지 성공적인 부동산 투자를 해올 수 있었다. 국가 유공자 특별공급에 당첨되고 아이처럼 환히 웃던 아버지의 미소, 처음 새 아파트에 입주하며 부엌을 연신 쓰다듬던 엄마의 손길, 스물여섯 살에 청약 당첨 소식을 전한 조카까지……. 모두 내가 청약을 공부했기에 누릴 수 있는 행복이었다.

지금 당장 집을 사지 않더라도, 언제 써먹을지 몰라도, 청약 지식을 알아두면 미리 준비할 수 있고 또 기회를 만들어갈 수 있다. 내가 그러했듯 청약을 공부하고 분양시장을 들여다보는 것과 그러지 않고 무작정 뛰어드는 것에는 큰 차이가 있다. 공부를 하면 '왜 지금 부동산 시장에서 새 아파트에 주목해야 하는지' 애써 듣지 않아도 보일 것이고, '아파트의 분양가와 청약의 경쟁률이 얼마나 중요한 부동산 지표가 되는지'도 함께 알게 될 것이다. 그러니 집을 살 계획이라면 일생에 꼭 한 번 짚고 넘어가야 할 공부가 '청약'이다.

빠르면 빠를수록 좋다. 많이 알고 있다시피 청약으로 아파트를 분양받으려면 납입횟수와 금액, 청약통장 유지 기간이 중요하다. 아직 청약통장이 없다면 하루라도 일찍 청약통장을 만들어두는 편이 좋다. 이 책이 이제 막 직장에 들어간 사회 초년생에게 입사

선물로 권해줄 수 있는 책이 되었으면 좋겠다. 또 결혼을 준비하거나 이제 막 결혼을 한 신혼부부들에게는 내 집 마련을 준비하는 희망의 가이드가 되기를 바란다. 나아가 '내 집 마련'을 꿈꾸는 이 시대 모든 무주택자들에게 이 책이 맞춤형 청약 도우미가 될 수 있다면 바랄 것이 없겠다. 모두의 행복한 내 집 마련을 진심으로 응원한다.

차 례

1장
하루라도 더 빨리 청약을 하라!

2장 청약의 이해
청약통장 만들고, 새 아파트 입주까지! 꿈을 이루는 청약 10단계

3장 특별공급의 매력
'정시'가 아닌 '수시'로 당첨까지 한 방에 도달하는 방법

4장 청약 당첨 전략
무엇을 보고 어떻게 접근해야 할까?

5장 공공분양의 기회
정부가 적극적으로 밀어주는 곳을 공략하라

6장 최종 점검
모르면 평생 후회! 청약 전 반드시 확인해야 할 것들

7장 대안 찾기
청약통장 없이도 새 아파트 갖는 법

1장

하루라도 더 빨리
청약을 하라!

집값이 떨어진다는데
내 집 마련해도 괜찮은 걸까?

매일같이 오르던 집값이 한순간에 30~40% 떨어지기 시작했다. 특히 고가의 아파트값 낙폭이 뚜렷하게 나타나면서 몇 달 사이에 수억 원가량 떨어진 매물이 등장하기도 했다. 집값 안정에 대한 정부의 의지와 규제가 매우 강력한 데다가 실제 부동산 시장의 흐름도 의도대로 얼어붙으면서 '앞으로 집값이 더 떨어질 것'이라는 불안감이 감돌았다. 투자자들뿐만 아니라 실수요자들의 심리도 위축돼 '지금 집을 사도 되는 걸까?'라는 혼란스러운 마음이 더욱 커졌을 것이다.

앞으로 집값이 오를지 떨어질지 미래를 정확하게 예측할 수 있는 사람은 없다. 그러나 나는 이렇게 생각한다. 실수요자라면, 특

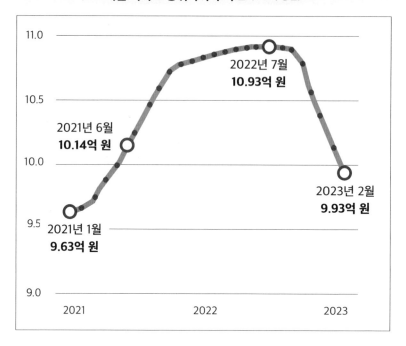

서울 아파트 중위가격 추이(출처: KB부동산)

히 내 집 마련을 실현하고 싶은 무주택자라면 지금 당장 눈앞에 보이는 시장 상황에 갇히지 말고 장기적인 안목으로 더 길게 봐야 한다고 말이다.

집값은 시장 상황에 따라 오르고 내리기를 반복할 수밖에 없다. 지금 당장 집값이 떨어지고 있다고 해도 언제까지, 또 어느 정도까지 내려갈지는 그 누구도 모른다. 마냥 떨어질 것처럼 보여도 어느 지점에 이르면 기다리던 수요가 움직이면서 다시 집값이 올라가는 때가 분명히 또 온다. 결국 부동산은 길게 보면 '우상향'한다는 역사에 주목할 필요가 있는 것이다.

서울 아파트 KB 매매가격 지수 및 전세가격 지수

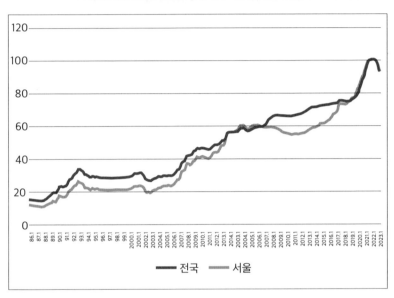

그러니 집이 필요하고, 또 사야만 한다고 생각한다면 집값이 떨어지기를 무작정 기다리기만 하는 것은 현명한 자세가 아니다. 더욱이 이 책을 읽고 있는 독자라면 단기적인 시세차익보다 '안정적인 내 집 마련'에 더 방점을 찍고 있으리라 생각한다. 2~4년마다 전셋집을 옮겨 다닐 필요 없이 내가 원하는 대로 내 집을 꾸밀 수 있는 안락한 보금자리 말이다. 여기에 얼마간 살다가 나중에 집을 팔아도 손해를 보지 않고, 어느 정도의 이익까지 낼 수 있다면 더욱 좋지 않겠는가?

결국 '내 집 마련'의 초점은 당장의 큰 시세차익이 아니라 내가 기대하는 '가치'에 두어야 한다. 그러니 '지금 집을 사도 되는 시기일까, 아닐까?'라는 물음은 큰 의미가 없다. 집값이 떨어질까 봐 못 산다면 평생 사지 못할 것이다. 집은 살 수 있을 때, 좋은 집을 싸게 골라서 사는 게 가장 현명한 전략이다. 그러니 질문을 이렇게 바꿔야 한다. '지금 집을 사도 될까?'가 아니라 '어떤 방법으로, 어디에 있는 집을 사야 할까?'로 말이다.

똘똘한 내 집 마련을 위한 최상의 전략

그렇다면 어떤 방법으로 내 집 마련을 하는 게 가장 좋을까? 어떤 물건을 사든 마찬가지겠지만, 누구나 좋은 상품을 가장 합리적인 가격에 사고 싶어 한다. 물론 집도 마찬가지다. 이왕 살 집이라면 너무 비싸지 않은 가격으로 '똘똘한 한 채'를 사고 싶은 것이 인지상정이다. 그런 똘똘한 한 채를 내 것으로 만드는 최상의 전략이 바로 '청약'이다. 지금처럼 집값이 떨어질 것이라는 불안감이 큰 상황에서는 더더욱 그렇다. 집을, 그것도 누구나 꿈꾸는 새 아파트를 상대적으로 저렴하게 사는 방법이 '청약으로 분양을 받는 것'이기 때문이다.

꺼지지 않는 청약의 수요와 관심

아파트값은 부동산 정책에 의해 조정되는 양상을 보이기도 하지만, 결국은 수요와 공급의 법칙에 의해 움직인다. 공급보다 수요가 적다면 가격은 내려가고, 수요는 많아지는데 공급이 이를 받쳐주지 못하면 가격은 올라간다.

분양 직전까지 부동산 시장을 떠들썩하게 했던 올림픽파크포레온 사례를 보자. 서울 강동구 둔촌주공을 재건축하는 올림픽파크포레온은 전체 세대수가 1만 2000여 세대에 달하는 '단군 이래 최대 규모' 대단지다. 이와 같은 명성에 걸맞게 일반분양 세대수만도 5000세대에 육박했다. 분양가는 어땠을까? $3.3\,m^2$(1평)당 3829만 원으로 책정된 분양가는 언론에서 연일 '고분양가 논란'을 부추길 만큼 비싸게 느껴졌다. 그도 그럴 것이 부동산 시장이 얼어붙으며 주변 단지들은 최고가 대비 20~30% 낮은 가격으로 거래되고 있었기 때문이다. 분양가에 확장비와 중도금 대출 이자까지 합산하면 2018년 12월 입주한 인근의 대단지 송파구 헬리오시티와 비교해도 큰 이점이 없어 보였다. 실제로 올림픽파크포레온은 일반분양 당시 서울 1·2순위, 기타지역 1·2순위에서 소위 '완판'이 되지 못할 정도로 초라한 성적표를 받아들었다.

하지만 서울, 그것도 강동구에서 일어난 '최악의 청약 미달 사태'는 분양시장에 드라마틱한 규제 완화를 불러오기도 했다. 일명 '둔주 일병 구하기'라 불리는 정책 변화로 서울 강동구는 비규제 지역이 되었고, 분양가 12억 원 이하에서만 가능하던 중도금 대출도 분양가에 상관없이 받을 수 있게 되었다. 그 밖에도 취득세 감면 혜택, 1주택자 주택 처분 조건 및 분양가상한제 폐지, 전매제한 기간 축소 등의 각종 규제가 눈 녹듯 사라졌다(실거주 의무 폐지 개정안도 검토 중이다). 계약 기간 직전에 바뀐 규제 덕분이었을까? 올림픽파크포레온에 드리운 '미달'이라는 그림자는 빠르게 자취를 감췄다. 59형과 84형 물량은 본청약 예비당첨자 선에서 모두 소진되었고, 다주택자도 지역에 관계 없이 신청할 수 있도록 바뀐 무순위 청약(일명 '줍줍')은 29~49형이라는 초소형 평수임에도 불구하고 4만 명이 넘는 청약 수요가 몰려 최고 경쟁률 655 대 1을 기록하기까지 했다(무순위 계약도 모두 완판되었다). 이처럼 올림픽파크포레온은 대한민국 청약 역사상 두고두고 회자될 기록을 남기며 청약 규제에서 기사회생한 사례로 남게 되었다.

그밖에도 2023년 3월 규제 완화 이후 서울의 첫 분양 단지였던 영등포자이디그니티에는 약 2만 건의 청약 신청이 접수되며 청약 시장이 회복되고 있다는 완벽한 신호탄을 쏘아 올렸다.

결국 청약에 몰리는 관심은 계속해서 커질 수밖에 없어서 상대적으로 구축 아파트의 매매 거래는 감소할 수밖에 없다. 신축 아파트를 두고 낡고 오래된 아파트를 사려고 하지는 않을 것이기 때문이다.

같은 맥락으로 집을 사려고 할 때는 가장 먼저 '내가 산 집에 살고 싶어 하는 사람이 얼마나 많을까?'라는 질문을 던져봐야 한다. 살고 싶어 하는 사람이 많은 아파트, 즉 수요자가 많은 아파트를 사야 한다. 그래야 나중에 팔고 싶을 때 언제든 원활하게 팔 수 있기 때문이다. 구축 아파트는 신축 아파트를 이기지 못한다. 최신 주거 트렌드를 반영한 설계와 단지 조성, 차별화된 커뮤니티 시설과 서비스 등 누구나 살고 싶은 마음이 들게 만드는 것이 새 아파트다. 그래서 언제나 최근에 지은 아파트가 인기가 좋고, 오래된 아파트보다 팔기가 쉽다. 그러니 신축 아파트에 대한 선호 현상은 점점 더 높아질 수밖에 없다.

무주택자, 1주택자, 다주택자 모두에게 유리한 청약

물론 복잡한 분양 정보와 계속 바뀌는 규제 속에서 무엇이 맞고 무엇이 틀린 건지 혼란스럽고 헷갈릴 수 있다. 분양가도 더 이상 싸게 느껴지지 않는다. 코로나 시대를 지나며 인플레이션의 직격

탄을 맞게 된 건설현장의 건축비가 천정부지로 오르고 있기 때문이다. 더욱이 민간택지 분양가상한제마저 완화되면서 시세와 큰 차이 없는 분양가에 청약을 망설이는 이도 많아졌다.

그러나 바뀐 정책을 하나씩 찬찬히 뜯어보고 내 상황에 대입해보면 반드시 길을 찾을 수 있다. 추첨제가 확대돼 가점이 낮은 무주택자에게 기회가 찾아온 것처럼, 1주택자에게는 주택 처분 의무가 사라졌고, 다주택자에게는 '줍줍'으로 불리는 무순위 청약 규제가 대폭 완화되었다. 한동안 높은 문턱을 넘지 못하고 포기해야 했던 청약의 기회가 활짝 열린 것이다.

무주택자 당첨 전략

무주택자에게는 하나의 분양 단지에서 총 세 번의 당첨 기회가 있다. 가점제로 1회 경쟁하고, 여기서 낙첨하면 무주택자끼리 추첨제 물량 중 75%를 두고 두 번째 경쟁을 하며, 또 한번 낙첨할 경우 1주택자와 통합해 세 번째 추첨 기회를 갖는다. 단계마다 우선권이 주어지져 당첨 확률이 상당히 높은 것이다.

또한 분양권 및 입주권 보유자를 청약에서 '유주택자'로 간주하기 시작하면서 사실상 경쟁자도 크게 줄었다. 규제지역은 무주택자와 1주택자만 청약이 가능한 점도 아직까지 무주택자에게 청약이 유리한 이유다.

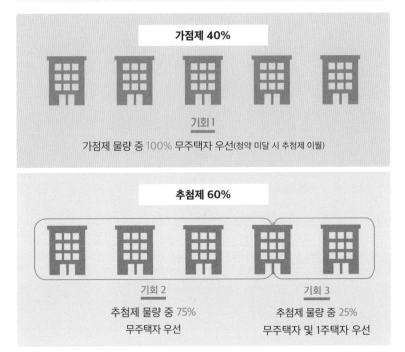

무주택 청약자에게 주어진 세 번의 당첨 기회(비규제지역 85㎡ 이하)

가점제 40%

기회1

가점제 물량 중 100% 무주택자 우선(청약 미달 시 추첨제 이월)

추첨제 60%

기회 2
추첨제 물량 중 75%
무주택자 우선

기회 3
추첨제 물량 중 25%
무주택자 및 1주택자 우선

이처럼 무주택자에게 활짝 열린 청약이라는 '천국의 문'을 통과하기 위해서는 자신이 거주하는 지역이나 대규모 택지지구의 향후 분양예정물량을 수시로 체크하면서 나만의 청약 전략을 세워나가야 한다.

1주택자 당첨 전략

분양을 신청할 때는 청약통장을 보유하고 있어야 한다. 가장 당

부하고 싶은 말은 '1주택자라고 해서 청약통장을 해지하지 말라'
는 것이다.

2023년 개정된 청약 제도에서는 1주택자에게 족쇄와도 같았던
'1주택자 주택 처분 조건'이 사라졌다. 규제지역에서도 1주택자는
무주택자와 같은 1순위 조건으로 청약을 신청할 수 있다. '규제지
역'은 곧 '상급지'라는 의미인데, 상급지 청약이 유효해진 만큼 더
더욱 청약통장을 해지해서는 안 된다.

더불어 중소형 평형에서의 추첨제 부활 소식은 1주택자에게도
단비와 같아서, 1주택자가 자신의 집을 처분하지 않고 갈아타기
할 수 있는 유일한 방법으로 청약이 다시 각광받고 있다.

다주택자 당첨 전략

사실상 당첨 기회는 희박하지만, 비규제지역에서 물량이 많은
단지라면 청약에 도전해 볼 수 있다. 올림픽파크포레온처럼 무순
위 청약(일명 '줍줍')이 가능한 단지에서는 누구나 보유 주택수나 거
주 하고 있는 지역에 상관없이 추첨으로 아파트를 배정받을 수 있
다. 따라서 미분양이 많은 시기를 새 아파트 매수의 기회로 삼아
볼 만하다. 단, 반드시 오를 아파트를 가려낼 안목이 중요하고, 세
금 공부도 꼭 해두어야 한다.

몰라서 하게 되는
치명적인 실수

청약으로 내 집을 마련하려는 예비 청약자들은 언제나 불안한 마음에 이런 고민을 한다.

'정말 이 아파트에 청약을 넣어도 되는 걸까?'
'나중에 더 좋은 아파트가 나오면 어떡하지?'

집을 산다는 건 일생일대의 큰 결정이다. 하나하나 따지고 비교하기를 반복하는 것이 당연하다. 입지와 교통도 좋아야 하고, 아파트 브랜드도 괜찮아야 한다. 내부 시설과 인테리어는 근사해야 하는데 실용성도 높아야 하고, 이 모든 장점을 갖추면서도 비교적 저렴하기까지 한 물건을 골라야 하는 것이다. 그러다 보니 사소한 단점이 하나라도 보이면 그 안에 매몰되기도 한다. 아직 당첨된 것도 아닌데 벌써 열쇠를 받아든 입주자처럼 '이건 이래서 별로고 저건 저래서 별로다'라는 생각이 끊이지 않는다. 그렇게 고민하고 따지면서 기회를 고스란히 흘려 보내는 사람이 실제로도 정말 많다. 아끼고 또 아끼고, 미루고 또 미루다 보면 수년이 훌쩍 지나는 일도 다반사다. 이런 분들을 곁에서 보면 내가 다 안타까운 마음이 든다. '아끼다 똥 된다'는 말은 괜히 있는 말이 아닌 것 같다.

경기도 하남 위례포레자이에 청약을 넣었던 40대 중반 K씨의 속마음을 들여다보자. 분양 당시 위례포레자이의 전용면적 $3.3m^2$ 당 평균 분양가는 주변 아파트 시세보다 1000만 원 정도 저렴했다. K씨 역시 이 부분에 끌려 청약을 결심했지만, 130 대 1에 이르는 평균 경쟁률을 마주한 뒤 헛헛한 마음을 추슬러야 했다.

당첨자 발표일이 다가오면서 불안한 마음도 점점 더 커졌다.

'집값은 계속 떨어진다는데 분양가보다 더 떨어지지는 않겠지? 대출은 받을 수 있을까? 경쟁률은 왜 이렇게 높지? 덜컥 당첨됐다가 더 좋은 곳에 더 좋은 물건이 나오면 어쩌지?'

아무리 고민해도 정답이 없는 것 같았다. 세상 모든 일이 그러겠지만 집을 사고 말고도 결국은 선택의 문제다. 지금껏 그는 10년 넘게 좋은 조건, 좋은 입지만 찾으려 했다. 집값이 현실적으로 조정될 때까지 기다려도 봤고, 그래서 몇 년 전 청약을 포기하기도 했다. 그런데 남는 건 결국 후회밖에 없었다. 갈수록 오르는 집값을 보면서, 분양받아 새 아파트에 입주하는 주변 사람들을 보면서 '나는 왜 이리저리 휘둘리고 재고 따지다가 좋은 기회를 다 놓쳤나' 하는 자괴감을 느꼈다고 했다. 이번에는 큰마음 먹고 청약을 넣었지만 경쟁률이 이렇게 높다니 당첨될 수 있을지 확신할 수도 없었다. 그는 이제 와서야 깨달았다고 했다. 자신의 상황에 맞기만 하면 청약은 넣을 수 있을 때 넣는 게 이득이라는 것을, 그게 후회보다는 백배 더 나은 선택이라는 것을 말이다.

그의 모습을 보며 나 역시도 이런 생각을 했다. 흉년을 걱정해서 씨를 뿌리지 않는 농부는 없다는 것을 말이다. 되든 안 되든 일단 도전해 보는 게 최선임을 말해주고 싶다.

'B급 전략'도 전략이다

K씨의 푸념처럼 새 아파트를 갖고 싶다는 마음이 있다면 하루라도 빨리 분양을 받는 편이 여러모로 이득이다. 만약 내가 살고 싶은 집이 현재 가진 자금 대비 훨씬 더 비싸거나 당첨된 집에 들어가지 못하는 상황이 된다고 해도 청약을 포기해야 하는 것은 아

니다. 어떻게 접근하고 전략을 짜느냐에 따라 얼마든지 다른 선택지를 만들 수 있다.

10년 이상 무주택을 유지하면서 당첨 확률이 높은 '가점 60점대의 청약통장'을 갖고 있고, 현금자산 또한 충분하다면 걱정이 없겠다. 하지만 예비 청약자 대부분은 그렇지 못한 게 현실이다.

다음 30대 신혼부부의 사례를 통해 한번 생각해 보자. 부모님께 지원을 받지 않고 결혼한 뒤 월세로 신혼집에 들어가 살면서 열심히 돈을 모았다. 2년 정도 지나니 6000만 원의 현금자산이 생겼다. 그 돈으로는 당장 집을 사서 들어갈 수 없지만, 미래를 위해 어떻게든 이 돈을 굴리고 싶었다. 여러 방법을 알아보고 고민한 끝에 부부는 '청약을 넣어야겠다'고 결심했다. 알아보면 알아볼수록 새 아파트에 대한 욕심도 생겼다. 청약에 당첨되면 2년 후에야 입주를 하니, 그동안 또 열심히 돈을 저축해야겠다는 계획도 세웠다.

정보를 찾던 중 2년 후에 입주할 분양 아파트 몇 군데를 알게 되었다. 그중에서 분양가가 월등히 비싸거나 아주 먼 지역에 있는 아파트를 제하고 보니 적당한 곳 두 군데가 추려졌다. 하나는 서울에 있는 소형 아파트고, 다른 하나는 수도권에 있는 중소형 아파트였다. 둘 다 분양가는 5억 원 정도였고, 당시 부부의 청약통장 가점은 30점대였다.

그때부터 또 다른 고민이 생겨났다. 둘 다 직장이 서울인지라 서울에 있는 아파트에 들어가고 싶다는 마음이 솔직히 더 컸다. 그러나 그 당시 서울은 중도금 대출이 40%만 가능했다. 즉, 계약금 10%와 중도금 20%를 포함해 1억 5000만 원이 필요했지만, 당시로서는 현금자산이 6000만 원뿐이라 어떻게든 9000만 원을 융통해야 하는 상황이었다. 돈은 그렇다 쳐도 서울에 있는 아파트여서 당첨 가점 커트라인이 높을 것이라는 점도 난관이었다.

한편 수도권에 있는 아파트는 당첨이 된 후 바로 실거주하기는 어려울 것 같았다. 그렇다면 입주 시점에 전세를 놓아야 할 것이다. 다만 서울과 달리 중도금 60%를 전부 대출받을 수 있었고, 현금도 10%인 계약금 5000만 원만 필요했기 때문에 자금도 충분한 상황이었다.

결국 부부는 수도권 아파트를 선택해 청약을 넣어 당첨의 기쁨을 누렸다. 그리고 2년이 흘렀다. 그사이 아파트값은 분양가보다 1억 1000만 원가량 올랐다. 현명한 선택을 했다는 사실에 부부는 뿌듯함을 느꼈다. 물론 서울에 있는 아파트에 청약을 넣었다면 부부의 청약통장 가점이 최저가점에 한참 못 미친 탓에 낙첨되었을 것이 분명하다. 즉, 부부의 수익률은 아예 없었을 것이다.

부부는 수도권에 분양받은 아파트가 지어지는 2년 동안 자력으로 6000만 원을 더 모았다. 여기에 입주 시점에 3억 8000만 원으로 전세를 놓아 중도금 대출과 잔금 모두를 해결할 수 있었다.

이 신혼부부의 사례처럼 청약도 결국 '전략'이다. 자신이 최고로 갖고 싶은 '플랜 A'가 아니라, 차선인 '플랜 B' 역시 현명한 선택이 될 수 있다. 내가 살고 싶은 곳과 자금 사이에 차이가 크다면, 내가 원하는 집을 위해 잠시 다른 집을 이용하는 것도 방법이라는 이야기다.

무턱대고 덤벼도 안 되는 이유

"너무 섣불리 청약을 넣었나 봐요. 이러다 진짜 당첨이라도 되면 어쩌죠?"

반대로 이번에는 청약을 넣고도 오히려 좌불안석이 된 사례를 살펴보자. 청약통장 가점을 차곡차곡 모으며 마침내 63점 가점을 쌓은 L씨는 기다리고 기다리던 둔촌주공의 분양 소식에 마음이 요동쳤다. 예전부터 새로 분양하는 단지의 모델하우스를 구경 삼아 둘러보던 그였다. 그때마다 '나는 언제 이런 집에 살아보나' 하는 푸념을 내뱉곤 했다. 올림픽파크포레온이라는 이름으로 새롭게 태어날 둔촌주공의 모델하우스를 보면서도 그랬다.

L씨는 '이번만큼은 나도 당첨될 거야!'라고 생각하면서 덜컥 저질렀다. 서울에서 이름만 들어도 다 아는 단지에 분양받기 위해

그동안 청약통장을 아껴왔던 것이다. 그런데 정작 청약을 넣고 난 뒤 고민이 더 깊어지기 시작했다. 둔촌주공을 기다리는 사이 예상보다 분양가가 크게 올랐던 것이다. 결국 분양가에 크게 못 미치는 자금이 문제였다. '일단 넣고 보자'라는 마음에 저질렀지만, 아무리 궁리를 하고 알아봐도 분양가의 20%에 해당하는 계약금부터 대출 없이 해결할 길이 막막했다.

"이러다간 당첨이 돼도 포기해야 하는 상황이에요. 당첨되고 포기하면 재당첨 기회가 사라져 청약통장을 다시 만들고 1년 이상 기다려야 한다던데. 왜 진작 더 신중하지 못했나 하는 생각에 후회가 이만저만이 아닙니다."(올림픽파크포레온 본청약 당시 재당첨제한은 10년이었다.)

운이 좋았다고 해야 할까? L씨는 다행히 예비당첨 명단에 들었다. 순번이 한참 뒤쪽에 있던 터라 L씨에게까지 차례가 올 가능성은 희박했다. 설령 온다고 해도 예비당첨자는 예비추첨일에 모델하우스에 가지 않으면 기존 청약통장을 그대로 사용할 수 있다.

아무리 좋은 아파트라고 해도 그게 나에게 좋은 기회인지는 생각해 봐야 한다. 무턱대고 덤비는 게 아니라 제대로 공부해서 내 상황에 맞는 전략을 세우는 것, 그게 청약 성공의 길이다.

집이 있어도
청약을 공부해야 하는 이유

다음 두 사람의 이야기를 들어보자.

"아임해피 님의 강의를 들었던 사람입니다. 지난해 제대로 알아보지도 않고 재건축 아파트의 청약을 신청했다가 당첨을 포기했습니다. 재당첨제한으로 5년 동안은 당첨이 불가하여 그동안 청약에 관심을 두지는 않았고요. 더구나 1주택자이기도 하고 당첨을 포기한 이력도 있어서 이제 청약은 나와는 먼 이야기라고 생각했습니다. 그래서 초등학생인 아이들 청약통장만 만들어뒀는데, 저 같은 경우도 청약을 기대해 볼 수 있다는 사실을 지금에서야 깨달았습니다."

"저는 청약에 아예 관심이 없었습니다. 중요하다고 생각하지도 않았고요. 30대 중반이 되고 보니 이제 현실 자각이 되네요. 그동안 세상 물정을 너무 모르고 살았던 것 같아요. 아직 청약통장을 만든 지 1년도 안 된 상황이니 1순위 조건을 충족하지도 못합니다. 1순위가 되려면 1년이 넘어야 한다는 것도 실은 이제야 알았어요. 그리고 남편 이름으로 된 시댁 집이 있어서 무주택도 아닌 상황이에요. 그래서 청약은 아예 안 되는 줄 알았는데······. 주변에서 1주택자인데도 당첨되는 걸 보면서 정말 나는 아무것도 모르는구나 싶었어요. 다들 어떻게 청약 공부를 하는지 모르겠네요. 아파트 청약, 어디서부터 공부하면 될까요?"

"나는 해당 안 되는 줄 알았어요"

두 사람의 말처럼 이미 집을 한 채 갖고 있거나, 청약에 한 번 당첨이 됐던 사람은 '이제 더 이상 자신에게는 청약의 기회가 없다'고 포기하는 경우가 정말 많다. 하지만 규제지역이 아닌 비규제지역의 분양 아파트는 한 번 당첨된 이력이 있어도, 1주택자라도 청약을 넣을 수 있다. 그리고 꼭 청약 신청을 하지 않더라도 분양권과 입주권(재건축 조합원이 새 집에 입주할 수 있는 권리)을 활용해 틈새를 공략할 수 있는 길이 충분히 있다.

청약 제도가 복잡할수록 당첨된 뒤에 자동 취소되는 '부적격 처리'나 계약 포기 사례가 많아진다. 특히 이런 '미계약분'의 기회를 잡으려면 청약 절차는 물론 부동산 시장의 흐름을 반드시 파악하고 있어야 한다.

지금 집을 갖고 있다고 해도 평생 한 집에서만 산다는 보장은 없다. 우리나라에서는 평균적으로 일생에 다섯 번은 이사를 한다고 한다. 직장이 중요한 시기, 자녀가 없는 신혼 시기, 자녀를 학교에 보내는 시기, 교육 및 주거 환경을 따지는 시기, 노후를 시작하는 시기 등 삶의 주기에 따라 원하는 집의 모습이 달라진다. 자연히 집을 팔고 다시 사는 과정을 겪지 않을 수 없는 것이다. 그래서 집에 대한 고민은 평생에 걸쳐 한다고 해도 과언이 아니다. 누구나 지금 사는 곳보다 더 좋은 곳으로 이사를 가고 싶어 하기 마련인데, 더 좋은 집을 찾으려면 관심을 갖고 공부를 해야 한다.

물론 청약으로 새 아파트에 당첨되는 일 자체가 쉬운 것은 아니다. 내게 청약 강의를 듣던 한 수강생은 "청약 조건 만드는 게 대학 입학사정관제를 준비하는 것 같아요"라고 말하기도 했다. 그만큼 복잡하고 어렵다는 이야기다. 하지만 청약에 관련한 정보는 전부 다 공개되어 있다. 관련 정책은 국토교통부(www.molit.go.kr)에, 청약 제도는 청약홈(www.applyhome.co.kr)에, 분양예정물량은 직방

(www.zigbang.com) 등의 홈페이지에 다 나와 있다. 아파트 분양가는 각 건설사 홈페이지에 있는 입주공고문에서 확인할 수 있다. 그 외에도 각종 정보와 자료는 인터넷에 차고 넘친다. 마음만 먹으면 얼마든지 찾아볼 수 있는 셈이다.

그래서 미리미리 관심을 두고 차근히 공부해나가는 자세가 중요하다. 지금 당장 청약을 넣을 수 없는 상황일지라도, 알아두고 준비를 해나가는 사람은 자신이 원하는 시점에 유리해질 수밖에 없다. 다주택자로 청약 자격이 되지 않는 내가 계속해서 청약을 공부하고 또 강조하는 이유도 여기에 있다.

지금 서울과 수도권에는 오래된 아파트가 많다. 앞으로 재건축되는 곳이 계속해서 나올 수밖에 없다는 이야기다. 나 역시 매일같이 분양단지를 분석하고, 바뀐 청약 제도가 있으면 공부를 한다. 모델하우스는 물론 공사 현장에도 가보고, 단지의 청약 경쟁률과 가점 커트라인을 확인하고 또 파악한다. 그러다 보면 정말 많은 것이 보인다. 바로 투자를 하기 위한 '미래 가치'다. 부동산 가격을 움직이는 사람들의 심리도 보인다. 부동산 가격을 움직이는 데에는 여러 요소가 있는데, 나는 이 중에서도 사람들의 심리가 아주 중요하다는 것을 현장에서 느끼곤 한다.

관심이 없으면 기회가 와도 잡지 못한다. 그러나 관심이 있고 준비하는 실행력이 있으면 부동산을 보는 관점과 시야도 넓힐 수 있다. 이뿐만 아니라 자신의 상황에 맞는 청약 전략을 짜는 '내공'까지 기를 수 있다.

'이사를 다니면 다닐수록 돈을 번다'는 말에 나는 전적으로 동의한다. 강조컨대 분양 정보에 계속 관심을 갖고 청약을 공부하면 좋은 아파트를 찾기 위한 데이터가 쌓인다. 아는 만큼 보이고, 보이는 만큼 기회를 잡을 수 있다. 이 단순한 진리를 결코 잊지 않기를 바란다.

2장

청약의 이해

청약통장 만들고, 새 아파트 입주까지!
꿈을 이루는 청약 10단계

국민주택이냐, 민영주택이냐
그것이 문제로다

"청약통장은 꼭 만들어두라고 해서 1년 반 전에 가입했고요. 매달 5만 원씩 넣고 있습니다. 그런데 이걸 언제 어떻게 써먹어야 할지 진짜 아무것도 모르는 '청린이('청약'과 '어린이'의 합성어)'입니다. 인터넷에서 '청약'을 검색해 보면 알아야 할 것들이 정말 한두 개가 아니더군요. 대체 어디서부터 어떻게 접근해야 하는지 누가 좀 쉽고 친절하게 알려줄 수 없나요?"

인터넷 포털사이트나 부동산 관련 인터넷 카페를 둘러보다 보면 이런 고민을 토로하는 글을 어렵지 않게 발견할 수 있다. 그래서 이번 장은 '청약의 A부터 Z까지' 누구나 쉽게 이해하고 접근할 수 있는 내용으로 정리해 보았다.

청약을 하려면 반드시 알아두어야 할 기본 지식부터 알면 알수록 쓸모가 더 커지는 실전 정보까지, 최대한 초심자의 관점에서 궁금하고 필요한 내용을 흐름에 맞게 담아내고자 했다. 청약을 처음 접하는 사람이라면 하나하나 짚어가는 마음으로 공부하듯 읽었으면 좋겠고, 청약에 대해 주워들은 건 많은데 정작 아무런 시도도 하지 못한 사람이라면 지금부터 기본기를 다진다는 마음으로 이번 장을 보면 좋겠다.

청약 제도는 누구를 위해 생겨났을까

살면서 늘 느끼는 건 지나고 나서야 무릎을 치게 되는 일이 참 많다는 것이다. 청약도 마찬가지다. 내가 아는 지인이 줄곧 하는 말이 있다.

"다시 이십 대로 돌아갈 수 있다면 '닥치고' 청약통장부터 만들 거야. 백날 월급통장에 돈 들어와 봐야 뭐하나. 내 집 마련은 월급통장이 아니라 잘 키운 청약통장이 해주는 건데!"

그녀의 말처럼 하루라도 더 빨리 청약과 친해지는 것이 결국 자산을 굴리고 불리는 길이다. 그럼 먼저 청약이라는 제도부터 간단히 짚고 넘어가 보자.

주택 청약 제도는 정부가 1977년 '국민주택 우선공급'에 관한 규칙을 발표하면서 도입됐다. 무주택 서민을 위해 아파트 공급은 늘려야 하는데 재원은 많이 부족했고, 이를 청약통장이라는 예금으로 기금을 조성하고자 시작한 제도다. 청약통장에 예금한 사람들만이 아파트에 청약할 수 있다. 당첨자는 납입기간, 납입횟수, 부양가족수, 무주택 기간 등 일정한 조건을 기준으로 심사해 선정한다.

이후 청약 제도는 30년 넘게 유지되며 부동산 시장의 수요를 조절하는 수단으로 변화해 왔다. 청약의 역사를 다 알 필요는 없으나 흐름을 파악해 두는 일은 중요하다. 2016년부터 전매제한 강화, 1순위 자격 요건 강화, 무주택자 당첨 비중 확대 등 요건이 점점 더 까다로워지면서 실수요자에게 유리한 방향으로 변했으나, 2023년부터는 85㎡ 이하 추첨제 부활, 1주택자의 주택 처분 의무 및 무순위 청약 시 무주택·거주지 요건 폐지 등 규제가 다시 완화되는 추세다. '청약 시계'가 다시 7년 전으로 돌아간 셈이다.

이처럼 규제와 완화를 반복하면서 청약의 역사는 돌고 돈다. 내가 청약에 도전하려는 해가 규제 시기라고 해서, 또 내가 사는 지역이 규제지역이라고 해서 섣불리 포기하지 말라는 이야기다. 강조컨대 일생에 한 번은 청약을 써먹을 일이 꼭 온다.

청약 아파트와 청약통장의 종류

청약을 넣기 전에 가장 먼저 해야 할 일이 있다. '국민주택(공공분양, 공공임대)'과 '민영주택(민간분양, 민간임대)' 중 자신에게 가장 적합한 주택 유형을 골라 전략을 세우는 작업이다. 어떤 주택에 넣느냐에 따라 자격과 당첨자(입주자) 선정 방식, 재당첨제한 등이 다르게 적용되기 때문에 희망하는 주택 유형을 고르는 일이 선결돼야 한다.

먼저 국민주택은 공공택지 위주로 분양을 한다. 분양가가 저렴한 편이나 자격 조건은 그만큼 더 까다롭다. 민간 건설사가 분양하는 민영주택은 민간택지와 공공택지에 아파트를 짓는다. 분양단지가 더 많은 반면, 국민주택보다는 분양가가 상대적으로 비싼편이다. 국민주택은 청약통장의 납입횟수, 납입인정금액이 많은순으로, 민영주택은 가점이 높은 순(혹은 추첨제)으로 당첨자를 선정한다. 따라서 자신의 조건에 따라 어느 곳에 청약을 넣어야 하는지 잘 따져봐야 한다.

국민주택

국가나 지자체, LH 및 지방공사가 직접 건설하는 주택 또는 공공·민간에서 국가나 지자체의 재정 및 주택도시기금을 지원받아

건설하는 주택. 국민주택규모[전용면적 $85\,m^2$(수도권을 제외한 도시 지역이 아닌 읍 또는 면 지역은 $100\,m^2$)] 이하의 주택을 말한다.

- 공공분양: 분양을 목적으로 공공이 공급하는 주택
- 공공임대: 임대 또는 임대 후 분양 전환을 목적으로 공공이 공급하는 주택

  (영구임대주택, 국민임대주택, 행복주택, 장기전세주택, 분양전환공공임대주택, 기존주택매입임대주택, 기존주택전세임대주택)

민영주택

국민주택을 제외한 민간 건설사에서 건설하고 공급하는 주택.

- 민간분양: 분양을 목적으로 민간이 공급하는 주택
- 민간임대: 임대를 목적으로 민간이 공급하는 주택

STEP 2

월급통장보다 값진
청약통장 만들기

청약통장에는 네 가지 종류가 있다. 국민주택을 분양 또는 임대받을 수 있는 '청약저축', 민간업체에서 짓는 민영주택을 분양받을 수 있는 '청약예금', 85㎡ 이하 민영주택을 분양받을 수 있는 '청약부금', 청약저축·청약예금·청약부금의 기능을 통합한 '주택청약종합저축'이 그것이다. 즉, 국민주택에 청약을 넣느냐, 민영주택에 청약을 넣느냐에 따라 필요한 통장도 다른 셈이다.

다만 청약저축, 청약예금, 청약부금은 2015년 9월 1일부터 신규 가입이 중단됐다. 따라서 현재 가입할 수 있는 청약통장은 '주택청약종합저축' 하나뿐이다. 국민주택과 민영주택 모두에 청약할

국민주택
주택청약종합저축,
청약저축

민영주택
주택청약종합저축,
청약예금, 청약부금

수 있으며, 국내 거주자라면 연령이나 자격 제한(세대주, 세대원, 미성년자 등) 없이 누구나 '1인 1통장'을 개설할 수 있다.

납입금액은 매달 2만 원부터 50만 원까지 자유롭게 적립할 수 있고, 통장 개설은 국민, 우리, 농협, 기업, 신한, 하나은행에서 가능하다.

청약통장, 절대로 해지하지 말라

나는 항상 청약통장은 세대원 모두가 하나씩 만들어야 한다고 강조한다. 납입횟수와 금액이 중요하므로 되도록 빨리 만드는 편이 좋다. 한 가지 팁이 있다면 미성년자는 열일곱 번째 생일 날 통장을 개설하는 게 가장 좋다. 가점 산정 기준으로 볼 때 성년(19세)

에 이르기 전 가입기간은 최대 2년만 인정하고 있기 때문이다.

간혹 청약통장을 갖고 있지만 본인은 사용할 수 없다고 생각해 해지해야 하는지 고민하는 사람도 많이 본다. 그 어떤 조언보다도 힘주어 강조하건대, 청약통장은 절대로 해지하는 게 아니다. 언제 어떻게 청약통장이 필요한 상황이 올지 모르는 일이다. 갖고 있으면 언제든 기회를 만들 수 있지만, 해지하고 나면 꼭 후회하는 일이 생긴다. 일시적으로 돈이 필요하다면 청약통장을 해지하기보다 이를 담보로 대출(납입금액의 80~100%)받는 방법을 고민해 보는 편이 낫다.

한편 연말정산에서 주택청약종합저축으로 소득공제도 받을 수 있다. 연 소득 7000만 원 이하 근로자, 무주택자(과세연도 기간 중), 세대주라는 세 가지 조건을 갖추고 있다면 가능하다. 다만 혜택을 받기에 앞서 청약통장을 가입한 은행에 방문해 주민등록등본과 신분증을 제출하고 무주택자라는 사실을 등록해야 한다. 이후 무주택확인서와 주택청약종합저축 납입증명서를 연말정산 시 회사(국세청)에 제출하면 납입금액의 40%(96만 원 한도), 최대 240만 원까지 공제받을 수 있다. 다음은 청약통장을 보다 요긴하게 쓰기 위한 몇 가지 팁이다.

청약저축 → 청약예금 전환

2015년 이전에 가입한 '청약저축'을 갖고 있다고 치자. 청약저축은 국민주택에만 청약이 가능하다. 그런데 나는 꼭 민영주택에 청약을 넣고 싶다면 어떻게 해야 할까? 1회에 한해 청약저축을 청약예금으로 전환하는 것이 가능하다. 대신 조건이 있다. 그동안 청약저축에 납입한 금액이 청약하고 싶은 민영주택의 예치금보다 많아야 하고, 한 번 전환한 후에는 다시 청약저축으로 재전환하는 것이 불가능하다. 또한 반드시 원하는 아파트의 입주자 모집공고일 전날까지 전환을 완료해야 하며, 은행 영업점으로 직접 방문해야 한다(인터넷 신청 불가).

청약저축의 명의 변경

청약저축 가입자에게 알려주고 싶은 또 한 가지 팁이 있다. 청약통장 중 청약저축은 세대주 변경을 통해 배우자 혹은 직계존비속에게 명의를 이전할 수 있다. 이 부분은 쉽게 찾아보기 힘든 정보로 전문가들도 모르는 경우가 많다.

예를 통해 살펴보자. 연세가 많은 어머니가 2000만 원을 납입한 청약저축을 갖고 있고, 이를 친손자에게 증여하고자 한다. 방법은 이렇다. 가장 먼저 통장을 가진 어머니가 세대주인 아들(나)의 세대원으로 들어간다(이때 변경 전 세대주인 아들은 무주택자여야 한다). 이후 청약저축의 명의를 아들로 우선 변경한다. 그런 다음 세대원인 손자를 세대주로 만들면서 아들은 그 아래 세대원이 되고, 청약저축의 명의를 손자로 변경하는 것이다.

물론 과정이 쉽지는 않지만 그 수고를 감당하고서라도 오래된 청약저축은 절대 해지하지 말 것을 당부하고 싶다. 오래될수록 가치가 더 빛나는 것이 청약통장이다. 당장 내가 갖고 있는 청약통장은 별 볼 일 없을지 모른다. 하지만 부모님이 오래전부터 관리해온 청약통장은 그 어떤 것보다 빛나는 유산이 될 수 있다.

청약저축 명의 변경 과정

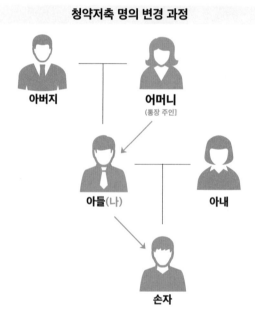

청년우대형 청약통장

19세 이상부터 34세 이하 청년이라면 '청년우대형 청약통장'에 가입하자. 기존에 청약통장을 보유한 사람이라도 가입 조건만 맞으면 이 통장으로 전환해 혜택을 볼 수 있다. 우선 3.3%의 우대금리가 적용되고, 연 240만 원 한도로 40% 소득공제 혜택도 주어진다. 이 통장에 가입하고 2년 이상 유지하면 최대 10년 동안 이자 500만 원까지 세금도 면제해준다. 가입은 시중 은행 인터넷뱅킹을 통해 비대면으로도 가능하며 발급일로부터 3개월 이내의 주민등록등본, 무주택확약서, ISA가입용 소득확인증명서, 신분증이 필요하다.

청년우대형 청약통장 조건

나이	19세 이상 34세 이하(병역기간 최대 6년 인정)
소득	연소득 3600만 원 이하(종합소득금액 2400만 원 이하)

주택	다음 중 한 가지 해당 시 가입 가능
	① 무주택 세대주(3개월 이상 세대주일 것)
	② 무주택자이고 가입일로부터 3년 이내
	  세대주 예정자(3개월 이상 세대주일 것)
	③ 주민등록등본과 함께 등재된 본인, 배우자,
	  (조)부모, 자녀가 모두 무주택세대의 세대원

가입 기간	2023년 12월 31일까지 가능

복잡해서 헷갈리는
1순위 자격과 조건

"청약통장 가입한 지 얼마나 됐어?"

"그럼 지금까지 납입한 금액이 얼마야?"

"세대주야, 아니야?"

"무주택자 맞지?"

"지금 거주하고 있는 지역이 어디야?"

"지금까지 청약에 당첨된 적 있어?"

청약을 하려면 이러한 요건들을 잘 따져봐야 한다. 청약 자격은 1순위와 2순위로 구분되고, 당첨자는 1순위 중에서 우선적으로 선정한다. 1순위에서 청약 경쟁이 미달되면 2순위에게 기회가 오긴

투기과열지역(2023년 4월 기준)

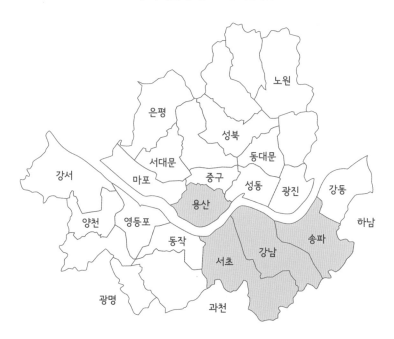

하지만, 누구나 살기를 원하는 분양단지는 1순위에서 마감되는 경우가 대부분이다. 따라서 1순위 자격 요건을 갖춰놓는 것이 매우 중요하다. 투기과열지구에서 분양하는 아파트에 청약을 하려면 청약통장 가입기간이 2년은 돼야 1순위가 될 수 있다. 2023년 현재 전국에서 투기과열지구는 위의 네 곳뿐이다.

청약 1순위 자격을 갖추려면

구체적으로 어떤 자격 요건을 갖춰야 1순위가 되는지는 해당 아파트가 속한 지역과 주택 구분(국민주택 혹은 민영주택)에 따라 달라진다. 복잡한 내용을 한눈에 이해할 수 있도록 다음 표를 보면서 차례로 짚어보자.

국민주택 청약 1순위 자격

지역		자격 요건		
		가입기간	납입횟수	기타
투기과열지구 및 조정대상지역		2년	24회	- 무주택 세대주 - 세대 구성원 전원이 과거 기간(최대 10년) 내 다른 주택에 당첨된 적이 없어야 함
그 외 지역	수도권	1년	12회	- 무주택 세대주, 무주택 세대의 세대원
	수도권 외	6개월	6회	

- 청약 자격 발생 기준일: 최초 입주자 모집공고일
- 가입기간과 납입횟수 모두 충족해야 함
- '다른 주택에 당첨'은 당첨 후 포기한 경우까지 포함

투기과열지구 및 조정대상지역(규제지역)에서 1순위로 국민주택에 청약하려면 청약통장 가입기간 2년, 납입횟수 24회를 채운 세

대주(무주택이며, 재당첨제한 대상에 해당하지 않는 무주택 세대 세대주)이면서 세대 구성원 전원이 과거 기간(최대 10년) 내 다른 주택에 당첨된 적이 없어야 한다.

그 밖의 다른 지역은 수도권인지, 수도권 이외 지역인지에 따라 달라진다. 수도권은 가입기간 1년, 납입횟수 12회를 채워야 하며, 수도권 외 지역은 각각 6개월에 6회만 채워도 된다. 이 둘은 세대주뿐만 아니라 무주택 세대 구성원(세대에 속한 사람 전원이 주택을 소유하지 않은 세대의 구성원)도 1순위 청약을 할 수 있다. 당첨자 발표일이 같은 경우에는 한 단지에만 청약 신청을 해야 한다.

민영주택 청약 1순위 자격

지역		자격 요건	
		가입기간	기타
투기과열지구 및 조정대상지역		2년	- 무주택 세대주, 1주택 세대주 - 세대 구성원 전원이 과거 기간(최대 10년) 내 다른 주택에 당첨된 적이 없어야 함 - 기준 예치금액 충족
그 외 지역	수도권	1년	- 세대주, 세대원 - 기준 예치금액 충족
	수도권 외	6개월	

- 청약 자격 발생 기준일: 최초 입주자 모집공고일
- 2018년 12월 11일 이후 청약 당첨자나 매입한 분양권 및 입주권을 가진 경우 청약 시 유주택으로 간주함

민영주택 1순위 자격 요건에서 청약통장 가입기간은 국민주택과 동일하다. 다만 해당지역의 기준 예치금액을 충족해야 한다. 그리고 투기과열지구 및 조정대상지역의 경우는 그 외의 지역보다 세 가지 면에서 더 까다롭다. 일단 반드시 세대주여야 하고, 세대 구성원 전원이 과거 기간(최대 10년) 내 다른 주택에 당첨된 적이 없으면서, 동시에 2주택 이상을 소유한 세대에 속한 사람이 아니어야 한다.

매달 얼마를 저축해야 좋을까?

청약통장을 만드는 사람들이 빠짐없이 물어보는 질문이 바로 '매달 얼마를 넣는 게 좋은가?'다. 매달 2만 원에서 50만 원까지 자유롭게 불입할 수 있지만, 납입금액과 횟수가 중요하다고 하니 2만 원만 넣는 건 왠지 찜찜하고 무턱대고 많이 넣자니 당장 부담이 되기도 한다.

이럴 땐 나라에서 정해놓은 기준을 참고하면 좋다. 이 기준은 청약을 하려는 주택의 종류와 지역에 따라 다르고, 민영주택의 경우는 다음과 같이 예치금액(청약통장에 들어 있는 총 금액)이 정해져 있다. 이 예치금액 이상이 청약통장에 들어 있어야 1순위 자격이 주

민영주택 청약 시 지역·전용면적별 예치금액(단위: 만 원)

구분	서울/부산	기타 광역시	기타 시·군
85㎡ 이하	300	250	200
102㎡ 이하	600	400	300
135㎡ 이하	1,000	700	400
모든 면적	1,500	1,000	500

- 청약부금 가입자는 85㎡ 이하 주택에만 청약 신청을 할 수 있음
- 85㎡ 이하 주택은 예치금액부터 채워야 하며, 85㎡ 초과 주택은 최초 입주자 모집공고일까지 차액을 일시 납부해도 1순위 청약이 가능함

어진다.

여기서 주의해야 할 점이 있다. 표에서 말한 지역은 앞으로 들어가고자 하는 아파트의 청약 해당지가 아니라 자신의 현재 거주지(입주자 모집공고일 기준, 주민등록등본상 거주지)를 말한다. 만약 내가 수원시에 살고 있고 인천광역시 내 검단신도시에 있는 $85\,m^2$ 이하 아파트에 청약을 넣는다면, 예치금액으로 200만 원만 있으면 된다(민영주택은 예치금액만 충족하면 되지만, 1순위 경쟁 시 가점 항목에서 통장 가입기간 점수가 별도로 있다. 이에 대한 내용은 뒤에서 자세히 설명하겠다).

국민주택의 경우는 예치금액의 기준이 따로 없다. 다만 총 납입인정금액(매월 1회씩 입금한 돈의 총 누적금액)과 납입횟수가 중요하다.

1회 인정되는 한 달 최대 납입금은 10만 원인데, 전용면적 $40\,m^2$ 초과 국민주택은 총 납입금액이 많은 사람이 선정되므로, 매월 연체 없이 10만 원씩을 꾸준히 불입하는 편이 유리하다.

STEP 4

분양 정보를
미리 아는 방법은?

"저는 청약통장을 '장롱면허'처럼 보유하고 있는 사람입니다.
분양 정보에 대해 관심을 갖고 알아보고 싶은데, 시작부터 막막
하네요. 분양 정보를 어디서 얻나요?"

분양에 관심이 있어도 적극적으로 분양 정보를 찾아보는 사람
은 의외로 많지 않다. 정보가 내게 오기만을 기다려서는 기회를
잡을 수도 없는데 말이다. 자신에게 유용한 정보를 잘 찾는 것도
능력이다. 앞으로 어떤 물량이 어느 지역, 어느 위치에 나오는지
를 파악하면 자신의 상황에 맞는 계획을 세우고 준비도 할 수 있
다. 지금부터라도 눈 크게 뜨고 정보를 찾아보자. 내가 수시로 방

문하는 웹사이트 네 군데가 있다. 어떤 사이트에서 무슨 정보를 살펴보는지 소개하고자 한다.

청약홈(분양 신청, 당첨 확인)

첫 번째는 청약홈(www.applyhome.co.kr)이다. 한국부동산원에서 만든 사이트로 전국의 분양 일정을 한눈에 파악할 수 있고, 관심 지역 알림 서비스를 신청하면 신청 지역의 분양 소식을 문자메시지(카카오톡)로 받아볼 수 있다. 분양 신청부터 당첨자발표까지 청약에 관한 모든 서비스를 제공한다(청약홈 사용법은 3장의 CASE STUDY에서 자세히 다룬다).

닥터아파트(향후 분양예정물량)

부동산 사이트 중에서도 가장 오래된 곳이다. 1998년에 오픈했

으니 내가 처음 부동산 공부를 시작했을 때부터 시시때때로 내게
많은 정보를 주었다. 닥터아파트 사이트에서 '분양' 페이지에 들
어가보면 위와 같은 화면이 보일 것이다.

분양 정보, 분양 계획, 분양 중, 분양 캘린더, 베스트 분양단지
등을 차례로 살펴볼 수 있다. 이 중에서 '분양 계획'을 클릭하면
지역별로 현재 분양단지 개수를 확인할 수 있고, 하나씩 클릭해서
들어가면 각 분양단지에 대한 정보도 자세히 알아볼 수 있다.

호갱노노(입주 물량, 선호도)

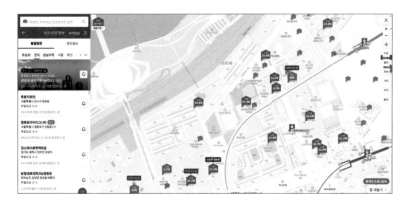

　호갱노노(hogangnono.com)는 부동산에 조금이라도 관심 있는 사람이라면 아마도 하루에 수십 번씩은 들락거릴 어플리케이션이다. 부동산 및 아파트 관련 실거래가 등의 정보를 지도 위에 담아 제공한다. 호갱노노에서 '분양'을 클릭하면 지역별 분양 물량과 지도를 한눈에 볼 수 있다. 관심 있는 분양단지는 알림을 설정해 놓을 수 있고, 애플리케이션도 유용하게 쓸 수 있다. 재미있는 것은 단지마다 알림을 받는 사람의 수와 방문자 수가 표시된다는 것이다. 이 숫자를 보면 어떤 분양단지가 가장 인기 있는지 짐작해 볼 수 있다.

직방(경쟁률, 가점)

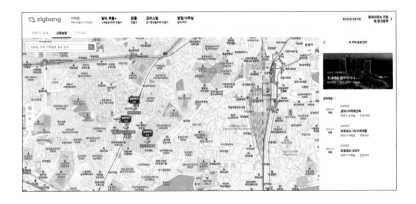

집을 구할 때 활용하는 애플리케이션으로 잘 알려져 있는 직방 (www.zigbang.com)도 신축 분양 관련 정보를 제공한다. 분양단지의 경쟁률을 한눈에 보여주고, 분양예정단지의 분양 시기도 확인하기 좋다. 직방에서 제공하는 부동산 및 분양 정보와 관련된 뉴스, 칼럼도 찾아보면 도움이 된다.

아파트 분양 절차 알아보기

분양 정보를 수집하다 보면 눈에 띄는 단지나 청약을 넣어보고 싶은 단지가 생길 것이다. 실제로 청약을 넣기 전 아파트 분양 절차가 어떻게 되는지부터 살펴보자.

실제 분양 절차

건설사 분양 계획

입주자 모집공고

견본주택(모델하우스) 개관

특별공급 청약
1순위 청약
2순위 청약

당첨자 발표

계약일

예비당첨자 추첨

잔여세대 모집
[선착순 또는 추첨(청약홈)]

특히 청약 진행 일정을 유심히 봐야 한다. 다음은 올림픽파크포레온의 청약 일정 캘린더다. 이를 샘플로 삼아 날짜별로 어떤 점에 유의해야 하는지 아래 체크리스트와 함께 기억해두기 바란다.

청약 일정 캘린더(출처: 올림픽파크포레온)

일요일	월요일	화요일	수요일	목요일	금요일	토요일
11/20	21	22	23	24	25 입주자 모집공고	26
27	28	29	30	12/1 GRAND OPEN	2	3
4	5 특별공급	6 1순위(해당)	7 1순위(기타)	8 2순위	9	10
11	12	13	14	15 당첨자 발표	16	17
18	19	20	21 당첨자 자격확인 서류 제출	22	23	24
25	26	27	28 당첨자 자격확인 서류 제출	29	30	31
23.1/1	2	3 정당계약(1일차)	4 정당계약(2일차)	5 정당계약(3일차)	6 정당계약(4일차)	7 정당계약(5일차)
8 정당계약(6일차)	9 정당계약(7일차)	10 정당계약(8일차)	11 정당계약(9일차)	12 정당계약(10일차)	13 정당계약(11일차)	14 정당계약(12일차)
15 정당계약(13일차)	16 정당계약(14일차)	17 정당계약(15일차)	18	19	20	21

- 입주자 모집공고일: 1순위 자격 충족 기준일

- 특별공급일: 인터넷 접수 및 현장 방문

- 1순위·2순위 청약일: 인터넷 및 모바일 신청

- 당첨자 발표일: 발표일이 동일한 단지가 있다면 한 군데만 접수 가능

- 계약일: 계약서 작성

- 계약 이후: 예비당첨자 추첨일

- 예비당첨자 발표 이후: 잔여세대(무순위) 모집

입주자 모집공고에서
꼭 챙겨봐야 할 것들

청약을 하기 전에 반드시 꼼꼼하게 살펴봐야 할 필수 코스가 있다. 바로 '입주자 모집공고'이다. 여기에는 기본적으로 공급 세대수와 특별공급 및 일반공급 물량(세대수), 분양 면적, 분양가, 청약자격, 청약 접수일, 당첨자 발표일, 계약금과 중도금 등 분양 아파트에 대한 정보가 총망라되어 있다.

깨알 같은 글씨와 복잡한 표가 많아서 덜컥 겁부터 나지만, 해당 분양 아파트에 대해 이보다 더 정확하고 객관적인 정보를 담은 페이지는 없다. 따라서 정독하며 꼼꼼히 챙겨 보고 체크하는 것이 무엇보다도 중요하다. 모집공고는 해당 분양단지 홈페이지에 들어가면 파일 형태로도 다운로드할 수 있다.

입주자 모집공고 예시(출처: 올림픽파크포레온)

올림픽파크 포레온 **입주자모집공고**

※ 본 아파트 입주자모집공고의 내용을 숙지한 후 청약 및 계약에 응하시기 바라며, 미숙지로 인한 착오행위 등에 대하여는 청약자 본인에게 책임이 있으므로 이를 유의하시기 바랍니다.

모집공고에서 절대로 놓치지 말아야 할 아홉 가지가 있다.

- 규제지역(투기과열지구 및 조정대상지역) 혹은 비규제지역

- 거주 우선 조건

- 당첨자 선정 방식(가점제, 추첨제 여부 및 비율)

- 재당첨제한 사항

- 전매제한 여부

- 해당지역 우선공급 및 거주기간 요건

- 분양가 및 계약금

- 중도금 대출(이자 및 실행날짜)

- 분양 면적

　　입주자 모집공고를 모두 확인해 봤다면 중요한 정보를 직접 요약하고 정리해 보는 것도 좋다. 다음 페이지의 예시를 참고하면서 관심 있는 단지의 입주자 모집공고를 직접 정리해 보자.

아파트 이름		
지역		
규모		
1순위 자격		
지역 우선		
전매제한		
가점·추첨	85㎡ 이하	
	85㎡ 초과	
분양가 (시세)	59㎡	
	84㎡	
일정		
입주예정		
특이사항		

입주자 모집공고 정리표(예시)

휘경자이디센시아

지역		비규제지역
규모		지하 3층, 지상 14~35층, 14개동 총 1,806세대 중 일반분양 700세대
1순위 자격		만 19세 이상, 청약통장 12개월
지역 우선		서울 1년 거주 우선 100%
전매제한		1년
가점·추첨	85㎡ 이하	가점40% + 추첨60%
	85㎡ 초과	추첨 100%
분양가 (시세)	59㎡	77,700
	84㎡	97,600
일정		모집공고일(2023년 3월 24일)
		특별공급(4월 3일) / 1순위 접수(4월 4일)
		발표(4월 11일)
입주예정		2025년 6월
특이사항		계약금 10% + 중도금 60% + 잔금 30%
		중도금 대출 가능, 이자후불제, 확장비 별도
		예비당첨자 300% 선정

전용면적과 공급면적, 타워형과 판상형

아파트는 입지나 호재 요소 외에도 그 자체의 면적과 방향, 내부 구조, 층수 등의 요소에 따라 매매가가 달라지기도 한다. 부동산 시장에서도 시장 논리에 따라 수요가 많을수록 매매가가 높게 형성된다. 따라서 청약 전략을 짤 때도 관련 내용에 대해 미리 알아보고 파악해 두는 것이 좋다.

먼저 아파트 면적부터 차근차근 짚어보자. 평상시 대화를 할 때는 '24평', '33평'처럼 평형 단위로 이야기를 많이 한다. 하지만 분양 시 아파트 면적의 표시 단위는 제곱미터(m^2)다. 처음 청약을 하는 사람들이 많이 헷갈려 하는 부분으로, 정확하게는 $3.3058\,m^2$당 1평으로 계산한다($1\,m^2$=0.3025평). 따라서 청약을 준비할 때만큼은 24평은 '$59\,m^2$', 33평(일명 '국민평형')은 '$84\,m^2$'로 바꿔서 부르는 연습을 해야 한다.

이게 다면 좋으련만 모집공고를 보면 면적과 관련해 다음과 같은 용어들이 등장한다. '주택공급면적', '주거전용면적', '주거공용면적', '기타공용면적', '계약면적' 등 표시된 면적만 다섯 가지다. 각각의 면적이 무엇을 의미하는지 하나씩 알아보도록 하자.

입주자 모집공고표 내 면적 사항

주택형	주택공급면적			기타 공용면적	계약면적
	주거전용 면적	주거공용 면적	소계		
84.9716A	84.9716	21.0089	105.9805	52.5157	158.4962

주거전용면적

모집공고에서 흔히 볼 수 있는 59㎡, 84㎡ 등은 모두 '주거전용 면적(이하 전용면적)'이다. 방, 거실, 화장실, 주방, 현관 등 세대별로 독립적으로 이용하는 공간이다. 각 세대에 전유되는 부분으로 등 기되는 면적이기도 하다.

주거공용면적

전용면적 외에 2세대 이상이 공동으로 사용하는 계단, 엘리베이 터, 복도 등의 면적을 '주거공용면적(이하 공용면적)'이라고 말한다.

기타공용면적

아파트 전체에서 공동으로 사용하는 지하주차장, 관리사무소, 기계실, 설비실 등의 면적을 말한다.

계약면적

주택공급면적과 기타공용면적을 모두 합한 것을 말한다.

서비스면적

서비스면적이 어느 정도인지는 매우 중요하다. 계약서상에 없는 공간으로, 전용면적에 포함되지 않는 발코니 면적 등이 서비스면적이라고 보면 된다. 이는 평면이나 구조별로 다르게 배정되며, 특히 발코니 면적이 넓을수록 확장 시 실사용 면적이 더 늘어난다.

주택공급면적

전용면적과 공용면적을 합한 면적이다(이하 공급면적). "우리 집은 33평이야"라고 말할 때 적용되는 면적이 공급면적인 것이다. 다만 전용면적이 같은데 공용면적이 한두 평 다른 것은 큰 의미가 없다. 32평, 33평, 34평은 모두 전용면적 84㎡(25.45평)에 각기 다른 공용면적을 합한 것으로, 실제 주거에 사용하는 면적은 동일한 84㎡다.

베이(Bay)는 뭔가요?

아파트를 이야기할 때 2베이, 3베이, 4베이라는 이야기도 많이 한다. 대체 이 '베이'는 무엇을 말하는 걸까? 한마디로 말해 '발코

아파트 구조에 따른 면적 명칭(출처: SH서울주택도시공사)

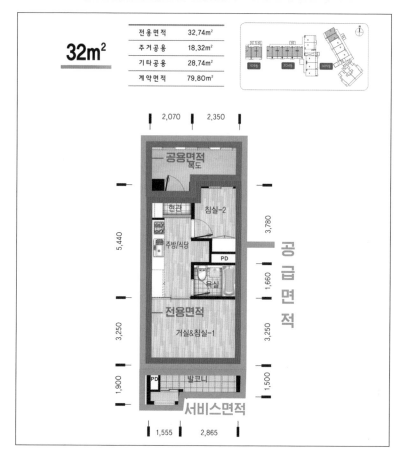

32m²

전용면적	32.74m²
주거공용	18.32m²
기타공용	28.74m²
계약면적	79.80m²

니로 나가는 창문의 개수'라고 보면 된다. 발코니가 한 개면 1베이, 두 개면 2베이, 세 개면 3베이라고 한다. 최신 트렌드는 4베이 판상형이다.

타워형과 판상형

아파트는 내부 구조에 따라 타워형(탑상형)과 판상형으로도 구분된다. 일반적으로 선호하는 구조는 판상형이다. 같은 단지에 판상형과 타워형이 있으면 많게는 매매가가 5000만 원 이상 차이 나기도 한다.

우선 타워형은 긴 복도가 특징이다. 남향, 서향, 동향 등 다양한 방향이 있고 독립적이지만 환기가 어렵다. 전통적으로 많이 찾는 판상형은 남향이 많아 햇볕이 잘 들고 환기가 용이하다.

타워형과 판상형(출처: SH서울주택도시공사)

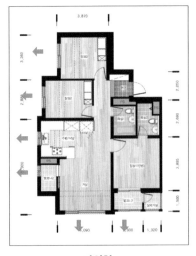

| 타워형 | 판상형 |

STEP 6

'당해'는 뭐고
'인근지역'은 뭐예요?

입주자 모집공고를 보면 다음과 같은 내용이 쓰여 있다. 공고문에는 워낙 많은 내용이 촘촘하게 적혀 있어서 세심하게 보지 않으면 그냥 지나치기 쉽지만, 매우 중요한 사항이다. 한번 읽어보자.

영등포자이디그니티 모집공고문 중 일부

> 동일순위 신청자(가점제) 중 경쟁이 있을 경우 입주자 모집공고일 현재 계속하여 서울특별시 1년 이상 계속 거주신청자가 서울특별시 1년 미만 거주 및 수도권(경기도, 인천광역시) 지역 거주신청자보다 우선합니다.

용어가 어렵게 느껴질 수 있다. 차근차근 자세히 살펴보자. 앞의 내용은 '해당지역 우선공급'에 관한 사항이다. 해당지역은 '당해'라고 부르기도 한다. 이는 외부 세력의 투기를 막고 해당지역 거주민들의 정착을 위해 만들어진 '당해지역제도'에 따른 것이다. 즉, 서울에서 건설·분양하는 아파트 공고에 적힌 앞의 문구는 '청약 신청 시 서울(당해) 거주자에게 우선적으로 기회를 부여한다'는 뜻이다. 더불어 남은 물량에 한해서는 경기도 및 인천(인근지역) 거주자에게도 기회를 준다는 의미다. 그럼 '인근지역'이란 구체적으로 어디까지를 말하는 걸까?

지역에 따른 '인근지역'의 범위

다음 표를 보면 서울과 인천광역시, 경기도가 서로 인근지역으로 묶이는 것을 알 수 있다. 이를테면 서울에서 건설하는 주택의 해당지역은 서울, 인근지역은 인천과 경기도인 셈이다. 또한 대전에서 건설하는 주택의 해당지역은 대전이며, 인근지역은 세종시와 충청남도가 된다.

해당지역 거주자의 거주기간 요건

모집공고 내용을 다시 살펴보면 '서울특별시 1년 이상 계속 거주신청자'라는 말이 있다. 이 역시 그냥 지나쳐서는 안 될 내용이

인근지역 분류

서울특별시, 인천광역시 및 경기도 지역(수도권)
대전광역시, 세종특별자치시 및 충청남도
충청북도
광주광역시 및 전라남도
전라북도
대구광역시 및 경상북도
부산광역시, 울산광역시 및 경상남도
강원도

- 단, 세종특별자치시, 도청이전신도시, 혁신도시개발지구, 기업도시개발구역, 산업단지, 주한미군 이전지역, 위축지역에서 공급되는 주택은 해당 및 인근지역에 거주하지 않아도 청약이 가능함

다. 일반적으로 해당지역 거주자의 기준은 입주자 모집공고일을 기준으로 그 지역에 살고 있는가로 판단한다. 따라서 최소 모집공고일 전날까지는 전입이 이루어져야 한다.

투기과열지구에 공급되는 주택은 해당지역 거주 기간이 2년 이상인 경우에만 우선공급 대상이 된다.

기타지역 거주자의 당첨 확률

"경기도에 살면서 서울 입성을 목표하고 있습니다. 영등포자이

디그니티에 '기타지역'으로 청약을 넣었는데요. 지금 같은 경쟁률이면 당해에서 모집이 끝나는 건가요? 추첨 물량을 기대해도 될까요?"

비규제지역인 영등포자이디그니티는 1순위 접수에서 해당지역(서울)과 기타지역(경기, 인천) 모집을 함께 받았다. 하지만 당첨자를 가릴 때는 거주지역에 따라 당첨 확률이 크게 갈렸다.

영등포자이디그니티 59A 분양 결과

주택형	공급세대수	순위		접수건수	순위 내 경쟁률	청약결과	당첨가점			
							지역	최저	최고	평균
59A	18	1순위	해당지역	4,558	253.22	1순위 마감 (청약 접수 종료)	해당지역	69	72	69.63
			기타지역	1,866	-					

18세대를 모집한 59A형을 예로 들어보자. 일반공급의 경쟁률은 253.22 대 1로, 1순위에서 청약이 마감됐다. 청약에 참여한 인원을 자세히 들여다 보면 해당지역(서울)에서 4558세대, 기타지역

에서 1866세대가 모였다. 그렇다면 최종 당첨자인 18세대는 어떻게 결정되는 걸까? STEP 7에서 자세히 다루겠지만, 비규제지역에서 85m^2 이하 면적은 가점제 40%, 추첨제 60%로 모집한다. 이때 해당지역의 인원만으로도 공급 세대수가 채워진다면, 공급 세대수 전체를 해당지역에서만 선별한다. 즉, 59A형의 경우 해당지역의 접수자 4558세대 중에서 59A형에 할당된 18세대를 먼저 뽑고(가점제 40%+추첨제 60%), 300%의 예비당첨자 몫까지도 해당지역에서 가점 순으로 추려내는 것이다. 사실상 기타지역에서는 당첨자가 나올 수 없는 것이다.

더욱이 서울 대부분의 지역이 비규제지역인 현재, 1순위 대상자는 세대주뿐만 아니라 세대원까지 포함된다. 여러모로 기타지역에서 당첨자가 나올 확률은 희박한 셈이다. 만약 기회가 온다고 해도 분양가가 높거나 입지가 좋지 않은 곳, 나홀로 아파트인 경우에 국한될 가능성이 크다. 즉, 분양을 신청한 서울 1년 이상 거주자가 해당 단지의 공급 세대수보다 적지 않는 한 기타지역 거주자는 당첨될 수 없다는 말이다.

따라서 서울 청약을 노린다면 입주자 모집공고일로부터 1년 전에는 서울에 거주하고 있어야 함을 명심하자(단, 무순위 청약에서는 거주 지역, 보유 주택수에 관계 없이 동등한 자격이 주어진다).

예외 사항

"저는 서울에 살고 있지만 다른 지역 분양에도 관심이 있습니다. 해당지역 거주자에게만 우선적으로 기회를 주는 거면, 미달이 나지 않는 한 당첨을 기대할 수 없는 건가요?"

그렇지는 않다. 여기에도 예외가 있기 때문이다. 수도권 대규모 택지개발지구(검단신도시, 위례신도시와 같이 택지개발사업이 시행되는 지역과 경제자유구역 개발사업이 시행되는 구역, 면적 66만㎡ 이상)에서 건설하는 아파트는 처음부터 해당지역과 함께 기타지역(인근지역까지 포함)의 공급 비율을 나눠놓았다. 여기에 다시 '서울과 인천'에 건설하는지, '경기도'에 건설하는지에 따라 해당지역과 기타지역 거주자의 공급 비율이 달라진다.

- 수도권 대규모 택지개발지구의 주택건설지역이 서울인 경우

  : 해당지역(서울) 50%, 기타지역 50%

- 수도권 대규모 택지개발지구의 주택건설지역이 인천인 경우

  (광역시)

  : 해당지역(인천) 50%, 기타지역 50%

- 수도권 대규모 택지개발지구의 주택건설지역이 경기도인 경우

  : 해당지역(경기도의 해당 시) 30%, 그 외 경기도 20%, 기타지역

  50%

서울 또는 인천 지역 대규모 택지개발지구 100세대 공급 예시

공급 세대수	순위		접수 건수	순위 내 경쟁률 (미달 세대수)
100세대	1순위	해당지역 50%	55	1.10
		기타지역 50%	15	(△30)*

- *은 1순위 해당지역 청약 신청자 중 입주자로 선정되지 못한 5명을 포함한 수치임

성남(특별시, 광역시 외 경기지역) 대규모 택지개발지구 100세대 공급 예시

공급 세대수	순위		접수 건수	순위 내 경쟁률 (미달 세대수)
100세대	1순위	해당지역 30%	25	(△5)
		기타경기 20%	50	2.00
		기타지역 50%	5	(△20)*

- *은 1순위 기타경기 청약 신청자 중 입주자로 선정되지 못한 25명을 포함한 수치임

당해의 기쁨
1주택자도 당첨되는 당해의 기적

인천 토박이인 A씨는 결혼하며 인천에 새 아파트를 장만했다. 2년마다 전세금을 올려줘야 하는 걱정도 없고, 나름대로 인천사람들은 알아주는 입지에 34평 브랜드 아파트를 매수했던 터라 크게 아쉬울 게 없는 삶이었다. A씨가 친구의 집들이에 초대받기 전까지는 말이다.

A씨의 친구는 서울에서 첫 신혼집을 24평 구축 아파트로 시작했다. 작은 평수였기에 A씨는 친구가 서울에 살아도 크게 부럽지는 않았다. 그런데 곧이어 친구가 당산역 주변의 34평 아파트를 분양받았다. 분양가는 6억 5000만 원. 중도금 대출 이자 등을 갚느라 친구는 생활이 조금 빠듯해졌다고 말했고, 그 당시 서울과 인천의

집값은 약 1억 원밖에 차이가 나지 않았기에 A씨는 친구의 청약 당첨 소식을 듣고도 시큰둥했다.

그러다가 마침내 친구가 입주를 하는 시점이 되었다. 6억 5000만 원이던 집값은 그사이 점점 올라 나중에는 14억 원까지 육박했다. A씨는 속된 말로 '현타('현실 자각 타임'을 줄여 이르는 말로, 헛된 꿈이나 망상 따위에 빠져 있다가 자기가 처한 실제 상황을 깨닫게 되는 시간)'가 왔다. 1억 원 밖에 차이가 나지 않았던 집값이 불과 몇 년 사이에 10억 원 가까이 차이가 나는 현실을 받아들이기가 힘들었던 것이다. '한 번의 선택이 돌이킬 수 없는 간극을 만들었구나.' 그때부터 A씨는 청약을 집중적으로 파고들기 시작했다.

처음 A씨의 타깃은 송도였다. 이 책 『대한민국 청약지도』에서 배운 대로 일반분양 전날 공개되는 특별공급 경쟁률을 분석해 경쟁률이 낮은 평형만을 집중적으로 공략했다. 주변 사람들은 A씨의 경쟁률 예측 실력을 보면서 '도사'라고 부를 정도였다. 그러나 문제는 A씨가 1주택자라는 데 있었다. A씨의 청약 가점 33점으로는 도저히 당첨을 기대할 수 없었다. 추첨제가 있는 대형 평형만을 공략했는데도 송도에서는 번번이 떨어지기 일쑤였다(당시 규제 지역은 85㎡ 이상 평형에만 추첨제가 있었다). 어디부터 잘못되었던 것일까? A씨의 인생에 청약이라는 기회는 정녕 없는 것일까?

그러던 어느 날 A씨의 눈에 불현듯 '해당지역'이라는 네 글자가 들어왔다. 대규모 택지지구인 송도는 1순위에서 해당지역(인천) 50%, 기타지역(경기·인천) 50%를 선발한다. 인천에 거주하지 않는 사람에게는 이것이 한 줄기 빛처럼 느껴질지도 모르나, A씨의 입장에서는 그나마도 희박한 당첨 확률이 2분의 1로 줄어든 것이다.

'해당지역에서 100%, 그러니까 인천사람에게만 우선권을 주는 지역에 도전해 보자.'

그렇게 루원시티가 눈에 띄었다. 7호선 연장 소식이 있는 데다가 인천의 번잡한 구도심과는 다른 신도시 특유의 깔끔함이 아이를 키우기에도 좋은 환경이었다. 무엇보다 루원시티의 1순위 청약 자격은 100% 해당지역(인천)에 있었고, 당시 비규제지역인 덕분에 85㎡ 이하 평형에도 추첨제 비율이 80%나 됐다(추첨제 물량 중 75%는 무주택자에게 할당하고, 나머지 25%를 처분 조건에 동의한 1주택자에게 주었다). 낙타가 바늘구멍을 통과하듯 청약 문을 두드리던 A씨에게 그 바늘구멍이 조금은 커진 셈이다.

그렇게 오랜 시간 청약에 도전한 끝에 A씨는 루원시티에서 마지막으로 분양한 단지의 당첨을 거머쥐었다. 역시나 청약의 'B급 전략'으로 낮은 경쟁률이 예상되는 타워형의 84B형을 노려 추첨제(1주택자 주택 처분 조건)로 당첨자 명단에 이름을 올린 것이다. 당시에도 추첨으로 새 아파트에 당첨되는 일은 하늘이 내려주는 천운이었다.

루원시티린스트라우스 청약 결과

주택형	공급세대수	순위		접수 건수	순위 내 경쟁률	청약 결과
84A	425	1순위	해당지역	2,765	6.51	
			기타지역	429	-	
84B	454	1순위	해당지역	1,374	3.03	1순위 해당지역 마감
			기타지역	320	-	
84C	225	1순위	해당지역	1,091	4.85	
			기타지역	193	-	
84D	22	1순위	해당지역	542	24.64	
			기타지역	105	-	

새벽 4시, A씨는 최종 당첨 사실을 확인하고 기쁨의 눈물을 흘렸다. 인천을 고집했던 자신을 탓한 시절도 잠시, 인천에 살았기에 당해로 청약에 당첨되는 행운을 누린 것이다. '청약에 당첨되고 싶다면, 가장 먼저 자신이 살고 있는 지역부터 살펴라.' A씨의 사례로도 알 수 있듯이 이 말은 아무리 강조해도 지나치지 않다.

STEP 7

추첨제는 뭐고,
가점제는 뭐죠?

입주자 모집공고를 통해 분양 정보를 모두 확인했다면 이제 청약 홈(www.applyhome.co.kr)에 들어가 청약 신청을 할 차례다. 민영주택은 '추첨제'와 '가점제'를 일정 비율로 나눠 당첨자를 선정한다. '추첨제'는 말 그대로 신청자 가운데 추첨을 통해서 당첨자를 뽑는 것이고, '가점제'는 점수를 매겨서 높은 순으로 당첨자를 가리는 것이다. 가점제는 수능처럼 점수가 높은 순으로 청약 당첨의 당락이 갈린다.

민영주택 가점제·추첨제 적용 비율

면적	비규제지역	조정대상지역	투기과열지구
60㎡ 이하	가점 40% 이하, 추첨 60%	가점 40% 추첨 60%	
60~85㎡		가점 70% 추첨 30%	
85㎡ 초과	추첨 100%	가점 50% 추첨 50%	가점 80% 추첨 20%

그렇다면 가점은 어떤 기준으로 부여될까? 다음 세 가지 항목별로 만점이 각각 산정되어 있다. '무주택 기간(32점 만점)', '부양가족수(35점 만점)', '청약통장 가입기간(17점 만점)'을 기준으로 총 만점은 84점이다. 무주택 기간은 1년에 2점씩, 부양가족수는 한 명당 5점씩, 청약통장 가입기간은 1년에 1점씩 가산된다. 다음 페이지의 표를 참고하여 자신의 가점을 계산해 보자. 청약홈(www.applyhome.co.kr)에서 제공하는 청약가점 계산기를 이용해도 좋다.

만 36세의 남성 A씨와 B씨가 있다고 가정해 보자. 두 사람 모두 청약통장은 만 30세에 가입했고 현재 무주택이다. A씨는 만 32세에 결혼을 해 자녀가 둘 있고, B씨는 싱글이다. A씨와 B씨의 가점은 각각 어떻게 될까?

민영주택 가점제 항목과 점수

가점 항목	가점 상한	가점 구분	점수	가점 구분	점수
① 무주택 기간	32	만 30세 미만 미혼자	0	8년 이상~9년 미만	18
		1년 미만	2	9년 이상~10년 미만	20
		1년 이상~2년 미만	4	10년 이상~11년 미만	22
		2년 이상~3년 미만	6	11년 이상~12년 미만	24
		3년 이상~4년 미만	8	12년 이상~13년 미만	26
		4년 이상~5년 미만	10	13년 이상~14년 미만	28
		5년 이상~6년 미만	12	14년 이상~15년 미만	30
		6년 이상~7년 미만	14	15년 이상	32
		7년 이상~8년 미만	16		
② 부양 가족 수	35	0명	5	4명	25
		1명	10	5명	30
		2명	15	6명 이상	35
		3명	20		
③ 입주자 저축 가입 기간	17	6개월 미만	1	8년 이상~9년 미만	10
		6개월 이상~1년 미만	2	9년 이상~10년 미만	11
		1년 이상~2년 미만	3	10년 이상~11년 미만	12
		2년 이상~3년 미만	4	11년 이상~12년 미만	13
		3년 이상~4년 미만	5	12년 이상~13년 미만	14
		4년 이상~5년 미만	6	13년 이상~14년 미만	15
		5년 이상~6년 미만	7	14년 이상~15년 미만	16
		6년 이상~7년 미만	8	15년 이상	17
		7년 이상~8년 미만	9		
총점	84				

- 본인 청약가점 점수 = ❶ + ❷ + ❸

둘 다 무주택 기간 점수는 14점(6년, 만 30세가 되는 시점부터 산정)이고 청약통장 가입기간 점수는 8점(6년)이다. 부양가족수 점수는 A씨가 20점(배우자+자녀2), B씨가 5점이다. 총 청약가점을 계산해 보면 A씨는 42점, B씨는 27점이 된다.

현재 서울 시민의 1순위 청약통장은 주택청약종합저축에서 약 385만 명, 청약부금에서 약 5만명, 청약예금에서 약 25만 명으로 합쳐서 대략 405만 명으로 추산된다. 서울에서 가점제로 당첨되는 일이 그만큼 치열하다는 사실을 짐작해 볼 수 있다. 특히 신혼부부이거나 싱글이라면 서울에서 가점제로 민영주택에 당첨되기가 쉽지 않은 상황이다. 그래서 지역에 따라, 면적에 따라 자신에게 맞는 전략을 어떻게 짜야 할지 더욱 심사숙고해서 공부해야 한다. 사전에 청약홈 홈페이지에 방문해 자신의 가점을 정확히 계산해 두자.

내 청약 가점 계산해 보기

청약통장 가입기간은 자동으로 계산되기 때문에 걱정할 필요가 없지만, 무주택 기간과 주택 소유 여부 및 주택을 판단하는 기준, 부양가족수는 모두 신청자 자신이 확실히 이해하고 계산해야 한다. 단 한 번의 계산 실수로 부적격 처리나 불이익을 당하면 결국은 내가 손해를 보기 때문에 충분히 숙지하는 것이 무엇보다 중요하다. 아무리 해도 헷갈리는 부분이 있다면 국토교통부(1599-0001)나 청약홈(1644-7445)에 전화를 걸어 문의하고 거듭 확인해야 한다.

무주택 기간 기준 및 산정 방법

무주택 기간은 청약 신청자와 그 배우자를 기준으로 산정한다. 이때 세 가지 포인트를 잘 기억해 둬야 한다. '만 30세', '결혼 여부', '주택 소유 여부'이다. 무주택 기간은 만 30세가 된 날로부터 무주택을 유지해 현재(입주자 모집공고일)까지 기간이 얼마나 되는지를 계산한다.

여기서 만 30세 이전 미혼이라면 아무리 전·월세로 자취 생활을 오래 했어도 무주택 기간 가점이 0점이다. 하지만 만 30세 이전에 결혼해 만 30세를 넘기고도 계속 무주택을 유지했다면, 혼인신고일로부터 현재까지의 기간을 무주택 기간으로 간주한다.

만약 주택을 소유한 적이 있다면 조금 복잡해진다. 만 30세 이전의 미혼자가 주택을 소유한 이력이 있다면, 만 30세가 된 날과 무주택자가 된 날 중 늦은 시점부터 계산해 입주자 모집공고일까지의 기간이 무주택 기간이 된다. 또한 만 30세 이전에 결혼한 사람이 주택을 소유한 적 있다면, 혼인신고일과 무주택자가 된 날 중

무주택 기간 산정 방법

과거 주택 소유 여부	30세 이전 결혼 여부	무주택 기간
주택을 소유한 적이 없는 사람	(신청자 본인이) 만 30세 이전에 결혼하지 않은 사람	(신청자 본인이) 만 30세 된 날 ~입주자 모집공고일
	(신청자 본인이) 만 30세 이전에 결혼한 사람	혼인신고일 ~입주자 모집공고일
(신청자 본인과 배우자가) 주택을 소유한 적이 있는 사람	(신청자 본인이) 만 30세 이전에 결혼하지 않은 사람	(신청자 본인이) 만 30세가 된 날과 (본인과 배우자가) 무주택자가 된 날 중 늦은 날 ~입주자 모집공고일
	(신청자 본인과 배우자가) 만 30세 이전에 결혼한 사람	혼인신고일과 (본인과 배우자가) 무주택자가 된 날 중 늦은 날 ~입주자 모집공고일

늦은 시점부터 입주자 모집공고일까지의 기간이 무주택 기간이다. 설명을 들어도 헷갈린다면 앞장의 표를 보면서 이해해 보기로 하자.

만약 2회 이상 주택을 소유한 적이 있다면, 가장 최근에 무주택자가 된 날을 기준으로 무주택 기간을 따진다. 배우자가 결혼하기 전 매도한 주택은 주택 소유에서 제외한다.

또한 청약 신청자가 이혼한 경우라면 전 배우자의 주택 소유 여부에 관계없이 본인이 주택을 소유해 처분한 시점부터 무주택 기간을 산정한다. 만 30세 이전에 결혼했다가 이혼해 다시 재혼한 경우에는 재혼이 아닌 최초 혼인신고일을 기준으로 무주택 기간을 산정한다. 이혼 후 입주자 모집공고일 현재 독신인 경우라도 최초 혼인신고일을 기준으로 무주택 기간을 계산한다.

한편 무주택자 여부는 주민등록등본에 등재된 세대원 모두(배우자, 직계존속, 배우자의 직계존속, 직계비속)가 주택을 소유하고 있느냐 아니냐로 판단한다. 입주자 모집공고일을 기준으로 세대원 전원이 주택을 소유하지 않았다면 무주택에 해당한다. 만약 만 58세 아버지가 소유한 집에서 동거하는 만 33세 아들이 청약 가점을 계산한다면, 아버지 소유 주택이 주택수에 포함되기 때문에 무주택 기간은 '0점'이다(단, 부모의 나이가 만 60세 이상이면 아버지 소유의 주택은 아들의 무주택가점에 포함되지 않음). 더불어 부부는 주소지가 달라도 같은 세대로 본다. 이처럼 배우자 분리 세대의 경우 무주택자로 인정받으려면 주민등록이 분리된 배우자 밑에 속한 세대원까지도 주택을 소유하지 않아야 한다.

그 밖에 무주택에 해당하는 경우

청약 시 주택 소유 여부 기준

청약 시 주택 소유에 해당하는 경우	• 18.12.11. 이후 계약 또는 등기한 분양권, 입주권 • 도시형 생활주택 • 임대주택등록 • 지분 소유 • 미계약분 당첨(주택형을 기준으로 경쟁이 있었던 경우, 미분양 제외)
청약 시 주택 소유에 해당하지 않는 경우	• 오피스텔, 생활형 숙박시설 • 멸실주택 및 무허가 건물(도시지역 이외의 지역 등에서 건축허가 또는 신고 없이 건축된 연면적 200㎡ 미만이거나 2층 이하의 건물) • 소형 및 저가 주택 : 주거전용면적 60㎡ 이하면서 수도권은 공시지가 1억 3000만 원 이하, 비수도권 지역은 8000만 원 이하인 주택을 1호 또는 1세대만 소유한 경우 • 상속 공유지분을 취득한 사실이 판명돼 부적격자로 통보받은 날로부터 3개월 이내에 그 지분을 처분한 경우 • 60세 이상 직계존속의 주택 또는 분양권, 입주권 • 미분양을 계약한 분양권

현행 제도는 순수 무주택자 외에도 저가 및 소형 주택의 소유자도 무주택자로 본다. 또한 주거용 오피스텔은 세법에서는 주택에

해당하지만, 청약 관련법에서는 비주택으로 보고 있다. 생활형 숙박시설에 해당하는 주택 외 건축물 소유자 역시 무주택자에 해당한다. 최근 '빌라왕' 등의 전세 사기 사건을 겪으며 어쩔 수 없이 빌라를 떠맡아 주택을 소유하게 된 경우에도 청약에서는 무주택자로 본다. 60세 이상 부모가 소유한 주택에 동거하는 자녀의 경우에도 무주택자로 간주한다.

부양가족의 기준

청약 시 부양가족은 주민등록등본에 등재된 세대원 중 아래 사항에 해당하는 경우를 말한다.

- 배우자(배우자 분리세대 포함)
- 3년 이상 등재된 직계존속

  [배우자의 직계존속 포함(단, 국민주택은 배우자의 직계존속 제외)]
- 만 30세 미만 미혼자녀

  (만 30세 이상 자녀는 1년 이상 주민등록등본에 등재되어 있어야 하고, 태아는 포함하지 않음)
- 부모가 모두 사망한 미혼인 (증)손자녀

이때 자기자신은 부양가족에 해당하지 않으며, 형제자매 역시 부양가족수에 포함되지 않는다. 또한 주택을 소유한 직계존속은 부양가족수 산정 시 제외한다(부양가족수 가점 계산 시 유주택 직계존속의 나이는 중요하지 않음). 예를 들어 남편이 세대주인 세대에 임신한 아내, 만 5세인 자녀 1명, 4년 전부터 같이 살아온 남편의 어머니와 아내의 여동생이 세대원으로 살고 있다고 해보자. 이때 부양가족수는 아내와 자녀 1명, 남편의 어머니까지 산정돼 총 3명으로 본인을 포함해서 가점은 20점이 된다.

최근 경향으로 볼 때 서울 지역의 경우 가점은 60점 이상이 되어야 가점제로 당첨 안정권에 든다. 3인 가족이 얻을 수 있는 최대 가점은 64점, 4인 가족의 최대 가점은 69점이다. 이로써 서울에서 청약 열기가 가장 뜨거운 분양단지의 가점제 커트라인이 69점을 넘곤 하는 것이다.

시간이 답일 수밖에 없다. 청약통장의 가입기간도 그렇고, 무주택 기간도 그렇고 시간이 지나야 가점을 높일 수 있다. 그나마 빠르게 점수를 올리는 방법이 부양가족수를 늘리는 방법이라고 할 수 있겠다.

현재 내 가점이 부족하다고 판단된다면 시간을 채우기 위해 기다리되, 기다리는 시간 동안 청약을 더욱 깊이 공부해야 한다. 지금 분양하고 있는 아파트의 경쟁률이 어떤지도 알아보고, 앞으로 예정된 분양단지에 대해 조사도 하다 보면 내가 가야 할 방향이 어딘지를 잘 알 수 있게 된다. 그러다가 문득 본인에게 맞는 가점대의 아파트가 보이면 아끼거나 미루지 말고 도전해 보는 자세도 필요하다. 거듭 강조하건대 하루라도 더 빨리 청약에 도전해 보라. 분명 내 집 마련의 실마리를 찾게 될 것이다.

부적격 처리, 조심 또 조심하자!

청약 가점 오류로 인해 '부적격 당첨자'가 되는 경우가 의외로 많다. 부적격 처리가 되면 당첨이 무효가 되는 것은 물론 1순위 청약통장의 효력도 1년 동안 사라지게 돼 더욱 주의가 필요하다.

내가 아는 사람 중에도 가점 계산 오류로 부적격 처리가 된 경우가 있다. 청약통장 가입기간은 청약홈에서 자동으로 계산이 되지만, 무주택 기간과 부양가족수는 스스로 입력해야 하므로 실수하는 경우가 왕왕 있다.

A아파트의 당첨 발표일이었다. 나는 해당 아파트에 청약을 넣은 지인 J씨에게 얼른 청약홈으로 들어가 결과를 확인해 보라고 했다. 결과는 당첨이었다. 축하한다는 인사를 하고 잠이 들었는데 왠지 불길한 느낌이 들었다. 슬픈 예감은 항상 틀린 적이 없다고,

당첨을 확인하고 하루가 지나서야 그는 부적격 사실을 깨닫고 말았다.

"부모님과 함께 거주하니까 부양가족수는 세 명 아닌가요?"

"주민등록등본상 부모님과 함께 거주한 기간이 얼마나 돼요?"

"2년 정도요."

"직계존속 세대원은 3년 동안 주민등록등본상에 등재되어 있어야 부양가족수에 포함할 수 있어요."

이처럼 청약에는 의외로 복잡한 복병이 곳곳에 숨어 있다. 부양가족 대상과 무주택자 기간을 산정하는 데에서 특히 많이들 헷갈려 하고, 특별공급 청약에서는 소득금액 때문에 부적격이 나오는 경우도 많다. 이처럼 부적격 처리가 되지 않으려면 스스로 신중해지는 수밖에 없다. 의문점이 생기면 반드시 해당 아파트 모델하우스에 방문해 물어보거나, 국토교통부에 문의해 보는 꼼꼼함이 필요하다.

추첨제의 행운
'나 혼자 사는' 그가 당첨된 이유

MBC의 인기 예능 프로그램인 「나 혼자 산다」에 출연했던 배우 이시언 씨가 꿈에 그리던 새 아파트로 이사하는 장면이 전파를 타면서 큰 화제를 모았다. 그 아파트는 이시언 씨가 청약에 당첨된 아파트로, 실제 아파트가 공사를 시작했을 때부터 현장을 찾아가며 입주할 아파트에 대한 기대를 보여주기도 했다. 입주 당일에는 "청약통장아, 고맙다!"라고 외치는 모습이 많은 시청자를 웃음 짓게 했다.

방송 직후 그가 입주한 아파트는 인터넷 포털사이트의 실시간 검색어에 오를 정도로 대단한 관심을 끌었다. 바로 서울 동작구에 위치한 'e편한세상상도노빌리티'이다. 2016년 6월에 분양한 단지로 당시 청약 경쟁률은 19.26 대 1, 나름대로 인기리에 마감된 단지였다.

그렇다면 대체 그의 청약 가점은 얼마나 높았기에 이 아파트에 당첨될 수 있었던 걸까? 청약통장에 가입한 지 9년 만에 당첨됐다고 말한 걸로 미루어보아 그의 가입기간 점수는 11점이다. 부양가족은 따로 없기 때문에 해당 점수는 5점이고, 무주택 기간 점수는 청약 신청 당시 만으로 33세였기 때문에 8점이다. 이렇게 따진 결과 그의 총 가점은 24점으로 추정된다.

다음 표에서 해당 아파트의 실제 당첨 가점을 살펴보자.

e편한세상상도노빌리티 청약 결과

주택형	59A	59C	84A	84B	84C	84D	84E	84F
최저가점	59	57	52	56	43	52	28	-

당첨 최저가점이 모두 24점보다 높았다. 이게 무슨 의미일까? 이시언 씨는 가점제가 아닌 추첨제로 당첨이 되었다는 뜻이다. 2016년 당시 서울 지역은 가점제 40%, 추첨제 60%로 청약이 진행됐다. 가점이 낮은 싱글들에게도 기회가 많았다는 뜻이다.

방송 이후 더욱 주목받은 사실은 해당 아파트의 프리미엄이다. 이시언 씨가 처음 청약에 당첨됐을 때만 해도 이 아파트의 분양가는 6억 5800만 원(전용면적 84㎡ 기준)이었다. 그런데 입주 당시 호가는 13억 원에 달했다. 2년여 사이 무려 두 배 가까이 오른 셈이다.

2023년 서울 강남, 서초, 송파, 용산을 제외한 전 지역이 규제지역에서 해제되면서 비규제지역이 되었다. 비규제지역은 전용면적 85㎡ 이하 중소형 평형에서 60%를 추첨제로 모집한다(전용 85㎡ 초과는 가점제 없이 추첨제로만 100% 공급한다). 당신도 제2의 이시언이 될 수 있다는 이야기다. 장장 7년 만에 찾아온 기회, 이시언 씨의 사례는 왜 지금 다시 청약에 주목해야 하는지 명확한 해답이 될 수 있다.

누군가는 기회 속에서 승기를 잡고, 또 다른 누군가는 집값이 떨어질 것만을 걱정하며 강 건너 불구경을 할 것이다. 위기 속에 기회가 찾아온다. 부디 이제는 식상한 말이 되어버린 이 말의 진리를 여러분의 삶에도 적용시켜 보기를 바란다.

현명한 선택은 발품이 만든다!
모델하우스 임장하기

부동산 투자에서는 누가 뭐래도 '임장'이 기본 중의 기본이다. 임장이란 직접 현장에 방문해 해당 지역의 물건 가치를 파악해 보는 일을 뜻한다. 청약에서는 모델하우스를 둘러보며 상담을 받고, 분양단지 현장에 찾아가 주변 환경과 미래 가치를 제대로 파악해 보는 일이라고 할 수 있다.

분양단지 현장은 모델하우스가 오픈되기 전부터 미리 가보는 편이 좋다. 현장 근처의 부동산에 들러 분양단지에 대한 정보를 사전에 입수하고, 분양가에 대한 현지 반응도 살필 수 있다. 보통 모델하우스는 금요일에 오픈한다. 모델하우스가 오픈되면 분양에 대한 모든 정보가 공개된다. 분양가를 확인하고 향후 프리미엄을 예측해 보자. 모델하우스 현장에서 반드시 체크해야 할 다음 사항들도 절대 놓치지 말기 바란다.

모델하우스 보는 순서

처음 모델하우스에 들어가면 봐야 할 게 너무 많아서 헤매게 된다. 그래서 본격적으로 청약을 넣기 전부터 집 근처에 모델하우스가 오픈하면 수차례 방문해 보며 무엇을 볼지 익혀야 한다. 모델하우스는 경험을 쌓은 자에게만 여러 부동산 정보를 한자리에서 얻을 수 있는 좋은 창구가 된다. 분양을 받을 사람이라면 반드시 방문해야 함은 물론이다.

나 역시 부동산 공부를 시작한 초창기부터 모델하우스에서 여러 정보를 얻곤 했다. 단순히 상담을 받는 일뿐만 아니라 함께 줄을 선 사람들과 대화를 나누며 프리미엄이 얼마 정도 붙을지, 어떤 호재가 있는지, 입지 가치가 어떤지에 대한 이야기들을 줄줄이 들었다. '이렇게 귀한 정보를 다 공개해도 괜찮은가?' 싶은 의문도 종종 들었지만, 이내 나부터 입장이 바뀌어서 젊은 부부들을 붙잡고 조언해 주는 일이 많아졌다.

모델하우스에 길게 늘어선 줄은 곧 해당 단지에 대한 사람들의 관심도를 나타내며, 이는 자연스럽게 적지 않은 프리미엄이 붙을 것 같다는 좋은 예감으로 이어진다. 특히 매번 같은 시간에 방문해 보면 인기가 거품인지 아닌지, 실제 여부를 어느 정도 파악할 수 있다. 그럼 모델하우스에 들어가서 무엇부터 보고 점검해야 하는지 순서대로 살펴보자.

1. 분양 카탈로그 간단 체크

일단 안내데스크에서 분양 카탈로그부터 챙긴다. 모형도와 유닛을 보기 전에 이를 먼저 들춰본 뒤 큰 그림을 그려야 하기 때문이다. 청약자격, 총 세대수, 분양가(계약금·중도금·잔금), 입주 시점 등을 먼저 살핀다. 특히 유닛에 들어가기 전에는 평면도를 꼼꼼하게 보고 배치도를 보면서 일조권과 조망권, 동 사이의 간격, 단지 정문 위치 등을 확인한다. 분양 카탈로그에 메모하는 습관을 들이는 것도 좋다. 해당 단지와 관련해 현장에서 파악한 장단점을 한 권의 카탈로그 안에 기록해 두면, 이후에 여러 자료를 뒤져보지 않아도 된다.

2. 모형도

흔히 사람들은 모델하우스에서 모형도 보는 일을 쉽게 건너뛰곤 한다. 그러나 모형도 분석은 굉장히 중요하다. 분양 카탈로그

올림픽파크포레온 모형도

에 나와 있는 평면도는 1차원이지만, 모형도는 실제 단지를 축소해서 만든 것이기 때문에 일조권이나 조망권 등을 3D로 보면서 상상할 수 있기 때문이다.

▶ 모형도 주요 체크 사항

방향(남향), 일조권, 조망권(거실 반대향), 동 간격, 단지 조망, 저층 정보(분양가, 필로티, 전용정원, 테라스 등), 단지 내 정원, 지상 및 지하주차장, 주 출입구, 아파트 커뮤니티 시설(상가), 경사도, 학교 위치, 도로 및 전철 교통망과의 거리 등

3. 유닛

모델하우스에서 가장 흥미를 끄는 일이 실제 아파트 내부처럼 예쁘게 꾸며놓은 유닛을 관람하는 것이다. 인테리어를 잘해놓고 가구와 소품까지 신경 써서 들여놓은 곳인지라 감상에 빠지다 보면 자칫 중요한 것들을 놓치게 될 수도 있으니 정신을 바짝 차려야 한다. 화려한 조명발에 속지 말자. 공간을 더 넓어 보이게 하기 위해 침대나 소파, 책장도 실제 사이즈보다 작은 사이즈를 갖다 놓는다. 옵션이 유상인지 무상인지, 배치도 변경사항(알파룸·펜트리)까지 꼼꼼히 체크해야 한다.

올림픽파크포레온 유닛

또한 모델하우스에서는 실제 단지의 평형과 타입별로 모든 유닛을 다 설치해 두지 못하는 경우가 다반사다. 그러다 보니 유닛이 설치된 타입의 경쟁률이 더 높게 나타나는데, 전략적으로 청약을 넣는다면 유닛이 설치되지 않은 타입을 노리는 것도 방법이다. 그래서 유닛이 없는 타입의 공간 배치는 어떠할지, 평면도 등을 보면서 더 세심하게 체크해야 한다.

▶ 유닛 관람 시 주요 체크 사항

현관문으로 들어가서 안방으로 가는 동선(반대로 움직여서 더블 체크), 욕실 바닥 타일 개수(욕실 크기 가늠), 복도(죽는 공간 체크), 창문 크기(부엌, 방, 드레스룸), 펜트리·알파룸·드레스룸 크기, 거실·부엌 천장 높이(2.3m 이상인지), 싱크대 수납공간

4. 상담

상담 시에는 질문을 잘하는 것이 무엇보다 중요하다. 청약 자격, 규제, 대출 문제 등 궁금한 부분은 최대한 다 물어보라. 교통이나 학군 등 입지 설명도 거듭해서 듣고, 분양가가 다른 곳보다 비싼 건 아닌지도 거침없이 물어보라. 그 외 옵션 여부나 특이사항도 재확인하는 것이 좋다. 특히 특별공급 대상자에 해당한다면 관련해서 헷갈리는 내용을 집중적으로 물어볼 기회다.

로열동·로열층 찾는 법

단지 안에서도 선호도가 높은 위치에 있는 동과 가장 선호하는 층을 '로열동', '로열층'이라고 한다. 흔히 '로열(Royal)'의 앞 글자를 따 'RR'이라 부르기도 한다. 어떤 조건을 갖춰야 로열동과 로열층이 될 수 있을까? 로열동은 주로 다음과 같은 사항을 고려해 찾는다.

- 경관 및 조망(산, 강, 천)이 좋은 동
- 지하철역과 가까운 동
- 남향 > 남동향/남서향 > 동향/서향 > 북향
- 초등학교와 인접한 동
- 상가가 인접한 동
- 커뮤니티 시설이 인접한 동

조망권을 확인하는 방법은 주변에 있는 높은 빌딩이나 아파트 옥상에 올라가서 직접 경관을 살펴보거나, 인터넷 지도 서비스의 위성뷰, 항공뷰로도 찾을 수 있다.

그리고 로열동 중에서도 고층일수록 로열층에 해당한다. 단, 단지 내 조경 전망이 보이는 곳은 저층이라도 로열층이 될 수 있다.

그러나 단지 내 조경 전망이 좋은 저층이라도 막상 입주하고 보면 햇빛이 잘 들어오지 않는 경우가 많다. 그래서 사전에 일조권도 잘 봐두어야 한다. 모형도에서뿐만 아니라 현장에도 직접 방문해 추후 단지가 들어서면 어떤 모습일지 상상해보기 바란다.

떴다방과 명함 아줌마?

모델하우스에 가보면 주변에 '이동식 텐트'가 설치돼 있는 모습을 볼 수 있다. 부동산과 관련된 일명 '명함 아줌마'들이 이곳 '떴다방'에서 대기하고 있다가 구경을 마치고 나온 사람들에게 이것저것 물어보기 위해서다.

"혹시 1순위세요?"

"청약은 넣으실 거예요?"

"만약 당첨되면 파실 거예요?"

"당첨이 안 되면 사실 생각은 있으세요?"

왜 이런 질문을 던지는 걸까? 해당 단지에 대한 관심도를 파악하고, 청약과 관련된 데이터를 수집하기 위한 목적이다. 1순위 대상자가 많이 찾는다면 그만큼 실수요자들의 관심도 많다는 뜻이다. 1순위 대상자들이 청약을 많이 넣으면 최저가점은 분명 올라갈 것이고, 당첨되면 거주하겠다는 사람과 떨어졌을 때 분양권을 사겠다는 사람이 많으면 그만큼 잠재적 매수자를 포함한 수요가 많다는 뜻이다. 이렇게 수집한 데이터를 토대로 부동산에서는 적정 가격의 프리미엄을 예측하고 제시하는 것이다.

예전에는 위와 같은 이동식 텐트가 얼마나 많았는지에 따라 분양권 거래와 프리미엄 상승을 측정해 보기도 했다. 최근 전매제한 규제가 완화되면서 떴다방이 다시 등장하게 될지도 모를 일이다.

입주까지 돈은
얼마가 필요할까?

모든 투자의 기본은 필요한 자금을 파악하는 일부터 시작된다. 특히 아파트는 단위가 큰 투자처다. 미리 상황을 확실하게 파악하고 하루라도 빨리 계획적으로 준비를 해나가는 수밖에 없다.

높은 경쟁률을 뚫고 청약에 당첨된 뒤 자금 계획을 세우려고 하면 늦다. 입주자 모집공고를 보면서 자금 계획을 함께 세워야 한다. 입주자 모집공고에는 분양가(공급금액) 및 납부일정에 관한 안내가 나온다. 분양가가 얼마인지, 계약금은 분양가의 몇 퍼센트인지, 중도금은 몇 회에 걸쳐 얼마씩 납부하고, 잔금은 얼마나 되는지 등에 대한 구체적인 내용을 확인할 수 있다.

계약금, 중도금, 잔금

일반적으로 계약금은 분양가의 10%, 중도금은 60%, 잔금은 30%로 나눠 계산된다. 계약금은 당첨자 발표 직후 지정된 계약일에 맞춰 납입한다. 만약 분양가 5억 원의 아파트라면 계약금인 10%, 즉 5000만 원이 우선적으로 준비되어 있어야 하는 것이다. 때로는 계약금 20%에 잔금이 20%인 경우도 있다. 올림픽파크포레온의 사례를 통해 공급금액 및 납부일정을 보며 하나씩 짚어보자.

입주자 모집공고 내 59A형 공급금액 및 납부일정(출처: 올림픽파크포레온)

분양가	계약금(20%)	중도금(60%)		잔금(20%)
1,062,500,000	212,500,000	1차(10%)	2차(10%)	212,500,000
		106,250,000	106,250,000	
		3차(10%)	4차(10%)	
		106,250,000	106,250,000	
		5차(10%)	6차(10%)	
		106,250,000	106,250,000	

우선 계약일에 계약금 20%를 납부하고, 중도금은 1회 차부터 6회 차까지 분양가의 60%를 여섯 번 나누어 납부한다. 중요한 것은 '중도금 대출'이 가능한지 여부다. 만약 중도금 대출이 불가능하다면 회차별로 날짜를 맞춰 은행에 납부해야 하고, 연체 시 이

자와 불이익을 감수해야 한다. 이후 마지막 잔금 20%는 입주일에 납부한다. 중도금 대출은 지역(투기과열지구 및 조정대상지역, 조정대상지역 외 수도권, 기타)과 개인(소득 및 주택 소유 여부)에 따라 LTV를 적용받지만 잔금 시점에 받는 주택담보대출과 달리 DSR(총부채원리금상환비율: 대출을 받으려는 사람의 소득 대비 전체 금융부채의 원리금 상환액 비율)과 DTI(총부채상환비율: 대출상환액이 소득의 일정 비율을 넘지 않도록 정한 계산 비율) 규제는 적용받지 않는다.

다음 표는 지역과 주택보유수에 따른 LTV 적용 비율이다. 지금 단계에서는 필요한 자금의 항목을 짚어보고, 각각 얼마만큼의 돈이 필요한지 정도만 생각해 봐도 좋다(대출과 관련한 내용은 뒤에서 자세히 다룰 예정이다).

올림픽파크포레온을 예로 들어 보자. 올림픽파크포레온은 비규

지역 및 주택보유수에 따른 LTV 적용 비율

구분		투기 및 투기과열지구	비규제지역
무주택세대		50%	70%
1주택 보유 세대	원칙	0%	60%
	예외	50% (2년 내 처분 조건)	
2주택 이상 보유 세대		0%	

제지역에 해당해 다주택자도 KB시세를 기준으로 60%까지 대출이 가능하다(잔금대출 시 DSR, DTI까지 충족해야 함). 중도금 대출을 받을 때에는 무이자인지, 이자후불제인지도 확인해야 한다.

그렇다면 올림픽파크포레온에 당첨돼 입주할 때까지 얼마의 돈이 필요할까? 9층 이하 층수를 기준으로 분양가가 8억 5540만 원이라면, 시점별로 필요한 돈은 다음과 같다. 계약금과 중도금, 잔금 납부 일자는 꼭 체크해야 하는 사항이니 절대 잊지 말자.

1. 계약금(계약일) 20% = 1억 6594만 원

2. 중도금 1~6차(2023.06~2024.05) 60% = 중도금 대출 가능

3. 잔금(입주일) 20% = 1억 7108만 원

대출을 제외하고 필요한 총 현금(계약금 20%+잔금 20%)
= 3억 9702만 원(다주택자도 가능)

발코니 확장비와 옵션비

요즘 아파트들은 대부분 발코니 확장을 한다. 이때 들어가는 비용이 별도인지, 그렇다면 금액은 얼마이고 납부일정은 어떻게 되는지도 함께 파악하고 있어야 한다.

여기에는 발코니 확장비 외에도 다양한 선택 사양이 있다. 바닥

마감재 변경, 현관 중문, 붙박이장, 화장대, 공간 옵션(펜트리, 거실 장식장 등), 천장형 시스템에어컨, 빌트인 냉장고 등 아파트마다 제공하는 품목은 다르다. 모델하우스에서 각자 확인한 후 필요한 것을 선택하며, 예산을 계획할 때는 이런 선택적 항목이 포함될 수 있음을 충분히 인지하고 있어야 한다(확장비와 옵션비는 중도금 대출 대상에 포함되지 않는 경우가 많다).

STEP 10

드디어 당첨!
끝까지 꼼꼼하게 고민할 것들

새 아파트에 당첨된 후 중도금 대출 문제를 해결하다 보면, 어느새 입주 기간이 다가온다. 그러나 끝날 때까지 끝난 게 아니다. 입주를 앞둔 시점에도 꼼꼼하게 챙기고 고민해야 할 것들이 있다.

아파트가 완공될 때쯤 입주 지정 일자와 잔금 납부 일자에 대한 안내문을 받게 된다. 지정된 입주일에 이사할 준비를 하거나, 세를 놓는다면 그 기간 안에 세입자를 구해야 한다. 잔금 납부는 입주일에 하면 된다.

이때 유의할 사항은 '잔금 연체'와 '중도금 대출 이자'에 관한 부분이다. 입주 지정 기간이 지난 후에도 잔금 납부가 이루어지지 않으면 연체이자가 부과된다. 무이자로 중도금 대출을 받았다면 건설사가 최초 입주 지정일에 이자를 지급한다. 이때 주택 소유자가 입주 지정일이 끝나는 시점까지 잔금을 치르지 못했다면, 마지막 입주 지정일의 그다음 날부터 기간에 따른 연체 이자율이 붙는다. 이자후불제의 경우도 입주 지정일이 끝나는 시점부터 잔금에 대한 연체 이자가 붙는다.

직접 들어가서 거주할 예정이라면 이사 날짜를 맞추고 입주 청소 및 인테리어, 가구 등 챙겨야 사항이 많을 것이다. 입주 청소는 입주 전에 가능하고, 인테리어 공사는 잔금을 납부해야 진행할 수 있다. 입주일에 잔금을 납부하면 잔금 영수증을 받고 선수관리비(한두 달치의 관리비를 미리 관리사무실에서 맡아두는 비용)를 예치한 뒤 세대마다 부여되는 열쇠와 출입카드, 내부 시스템의 리모컨, 각종 설명서 등을 받는다. 받은 후에는 분실하지 않도록 잘 챙겨둬야 한다.

아파트 사전점검 팁

입주하기 한두 달 전에는 사전점검이라는 것을 한다. 아파트 공사가 잘됐는지, 내부 시설이나 인테리어에 부실 시공 및 하자는 없는지 입주자에게 2~3일 동안 집을 공개하는 날이다. 공사가 미진하거나 추가로 보수가 필요한 부분은 없는지 꼼꼼히 확인하는 것이 무엇보다 중요하다.

사전점검일에 아파트에 가면 입주자 확인을 하고 점검표를 준다. 점검표는 아파트 내부의 구역별로 어떤 부분에 하자가 있는지 체크하도록 되어 있다. 사전점검을 할 때는 편안한 복장으로 다음의 준비물을 챙겨 가면 좋다(준비물은 현장에서 주기도 한다).

사전점검 준비물

- 줄자

- 포스트잇

- 바가지

- 돗자리

- 마스크

- 간이의자

- 화장지와 물티슈

- 간단한 요깃거리

- 수평계

아직 공사가 전부 완료되기 전이라 청소가 하나도 안 된 상태다. 집 내부에 들어가면 먼지가 많을 테니 가져간 짐들은 돗자리에 올려놓고 마스크를 착용한 채 점검하는 것이 좋다.

점검은 그야말로 하나하나 구석구석 놓치지 말고 해야 한다. 실리콘, 벽지, 타일, 붙박이 가구 등을 잘 확인한다. 챙겨 간 바가지로 물이 잘 빠지는지도 확인하고, 경사도도 체크한다. 거실 마루에서도 병을 굴려보며 경사도를 체크해 보는 것이 좋다. 필요한 가구가 있다면 어느 정도 크기의 가구를 놓으면 될지 사전점검 때 줄자로 공간 사이즈를 재면서 미리 생각해보자.

입주 후에는 사점점검일에 체크한 하자들이 잘 처리되었는지 확인하는 것도 중요하다. 미진한 부분이 있으면 입주 후에도 하자 보수 처리를 추가로 요청할 수 있다. 여름에는 누수(창틀)가 발생 하지 않는지, 겨울에는 결로가 생기지 않는지도 잘 확인해 보라.

매도를 하거나 전세를 준다면?

신축 아파트는 두세 달 정도 되는 입주 시기에 매매나 전세 물 량이 일시적으로 쏟아진다. 이를 '입주장'이라고 표현한다. 이때 는 매매가가 소폭 하락하거나 전·월세 시세가 낮게 형성되기도 하지만, 입주가 마무리되는 시점이면 곧 '물건 잠김 현상'이 생겨 가격은 다시 올라간다.

매도할 때는 잔금을 지불한 이후부터 2년이 지나야 비로소 비과 세 혜택을 받을 수 있다. 특히 입주 2년 후는 전·월세 2년 계약 만 료 시점과도 맞물려 상대적으로 물량이 많이 나온다. 이때 세대수 가 많은 단지는 매매가나 전세가가 조정을 받는다. 이런 '입주장' 을 2년마다 겪게 되는 셈이다[최근에는 주택임대차보호법 개정으로 최장 4년간(2년+2년 연장) 임차인이 거주할 수 있게 되면서 입주 2년 후 쏟아지던 물량 이 다소 줄었다. 하지만 여전히 2년이 지나면 비과세 혜택을 받기 위한 물량이 나 온다].

실제로 2019년 입주한 송파 헬리오시티도 2년 동안 전세 거래가 거의 없이 전세가가 계속해서 오르다가 2021년도에 소폭 하락했다. 전세 갱신 시기에 맞춰 물량이 쏟아진 것이다.

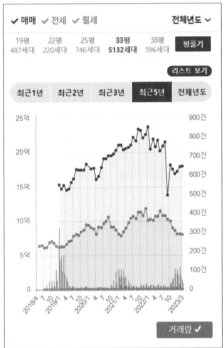

출처: 아실

따라서 꿀팁이 하나 있다면, 매도를 할 때는 3년, 5년, 7년 등 홀수 해의 주기로 거래하는 것이 좋다. 전세 수요도 성수기와 비수기가 있다. 학군 수요가 있는 지역이라면 2월 말 전세가 가장 잘 나간다.

입주 물량이 쏟아지는 곳에서는 세입자를 구하기가 쉽지 않다. 그래서 전세를 놓을 때는 입주하기 3개월 전부터, 인근의 전세 수요자가 올 수 있는 곳까지 되도록 많은 부동산에 집을 보여 주는 게 좋다. 조금이라도 전세를 잘 나가게 하려면 입주 청소와 기본적인 타일 줄눈 시공까지는 해줘야 한다. 시스템 에어컨이 설치되어 있다면 세입자가 더 선호하기도 한다.

청약홈 사용법
"조사하면 다 나와!"
나의 청약 성적표 확인하기

많은 사람이 청약을 어려워 하지만 나에게 맞는 전형을 잘 찾아내기만 한다면 어떤 방법보다도 쉽게 내 집 마련을 할 수 있다. 경기도 파주에 거주하는 입사 3개월 차 신입사원 K씨의 청약홈(www.applyhome.co.kr) 사용법을 보면서 아임해피가 사회초년생에게 추천하는 청약 전략 꿀팁을 함께 들어 보자.

청약통장 가입일, 예치금 확인하기

청약홈에 방문해 가장 먼저 할 일은 자신의 청약 자격을 확인하는 일이다. '마이페이지'에서 공동인증서로 로그인한 후 청약홈의 왼쪽 메뉴에서 '청약자격확인'을 클릭해 '청약통장 가입내역'부터

청약홈 청약통장 가입내역 조회

APT	오피스텔 /생활숙박시설 / 도시형생활주택 / 민간임대	공공지원 민간임대

청약통장 가입내역	특별공급 청약내역	1 · 2순위 청약내역
무순위/잔여세대 청약내역	취소후재공급 청약내역	1순위 공고단지 청약연습 내역
당첨조회(최근 10일간)	청약제한사항 확인	순위확인서 발급내역

조회하기

☐ 청약통장 가입내역

거주지를 변경하시고자 할 경우에는 우측의 '자세히' 버튼을 눌러주세요. 자세히

가입자	성명	김ㅇㅇ
	주민등록번호	800211-*******
청약통장	개설은행	우리
	종류	종합저축
	가입일	2016-11-14
	가입지역(거주지)	서울
	예치금	3,460,000원

※보다 자세한 신청 가능한 순위, 주택규모를 확인하기 위해서는 "청약통장순위확인서" 메뉴에서 확인해 주십시오. (☞ 청약통장순위확인서 바로가기)

살펴보자. 위와 같이 청약통장을 개설한 은행과 종류, 가입일과 예치금 등을 파악할 수 있다.

2016년 은행 직원의 설득으로 청약통장을 개설한 K씨는 가입기간에 비해 예치금이 346만 원으로 적은 편이다. 아니나 다를까. 매달 2만 원씩 통장에 돈을 넣다가 2020년부터는 납입을 멈췄다고 한다. 그래도 K씨는 청약통장 가입기간과 예치금에서 민영주택 해당지역 1순위 조건을 무난하게 충족했다.

납입인정금액 확인하기

민영주택 1순위 조건은 만족시켰다. 이번에는 K씨가 국민주택

에 지원한다면 어떨까? 사실 국민주택에 청약할 때는 납입인정금액이 중요하다. K씨는 청약통장을 꾸준히 관리하지 않았기 때문에 국민주택에 당첨될 확률이 상당히 희박하기는 하다.

그런데 예치금이 많아도 납입인정금액이 적을 때가 있다. 목돈이 생길 때마다 몰아서 넣는 경우가 그러한데, 청약에서는 '매달 최대 10만 원'까지만 납입을 인정해준다. 따라서 200만 원, 300만 원씩 큰 돈이 생길 때마다 청약통장에 한 방에 이체한다고 한들, 그달에 인정받는 납입인정금액은 10만 원뿐인 셈이다.

납입인정금액은 청약홈에서 순위확인서를 발급받아 확인해 볼 수 있다. '청약자격확인'에서 '청약통장', '순위확인서 발급'을 차례로 선택한 뒤 절차를 따라가다 보면 다음과 같은 순위확인서를 발급받을 수 있다.

청약홈 청약통장 순위 내역 조회

◻ 청약통장 순위(가입)내역	
발급고유번호	020-2023-004515
발급일	2023-03-31
가입은행	우리
예금종목	종합저축
계좌번호	1073211517635
순위	-
통장가입일	2016-11-14
경과기간	
납입회차	46 회
납입금액(납입인정금액)	1073211517635
저축액(선납금 포함)	1073211517635
신청가능면적(전용면적기준)	1073211517635

* 청약통장 순위(가입)내역은 청약신청 주택의 입주자모집공고일 기준입니다.

무주택 여부 확인하기

청약은 무주택자에게 유리한 제도다. 자신이 무주택자라고 해도 함께 거주하는 부모(만 60세 미만)나 배우자가 주택을 소유하고 있다면 무주택 자격을 상실한다. '청약자격확인'에서 '주택소유확인'을 클릭하면 세대구성원 전원의 주택 소유 이력을 한 번에 파악할 수 있다(단, 열람 전 세대구성원의 동의를 받아야 한다). K씨는 부모님으로부터 독립해 혼자 자취를 하는 무주택 세대주로서 다음과 같이 깨끗하게 조회되었다.

청약홈 세대구성원 조회

▫ 건축물대장정보

기준일자 : 2023-03-31

성명	주소	면적(m²)	사용승인일	소유권 변동사유	소유권 변동일	공시기준일	공시가격 (천원)
			[건축물대장정보 내역 없음]				

* 집합건축물을 제외한 기타 건축물의 경우 연면적으로 정보가 표출 됩니다.

▫ 부동산 거래내역(주택분) 실거래정보 관련 문의사항은 물건소재지의 관할 지자체로 연락하시기 바랍니다.

신고분 기준 : 2006-01-01 ~ 2023-03-31

성명	주소	매도/매수구분	전용면적(m²)	매매가	잔금지급일	계약일자
			[실거래매매 내역 없음]			

▫ 재산세정보(주택분) 재산세정보 관련 문의사항은 물건소재지의 관할 지자체(시·군)로 연락하시기 바랍니다.

기준일자 : 2021-06

성명	주소	전용면적(m²)	취득일자	기준일자
		[재산세 내역 없음]		

인쇄하기

재당첨제한 확인하기

규제지역에 청약 당첨 이력이 있다면 특정 기간 다른 단지에 청약할 수 없다. 특별공급 또한 당첨 기회가 평생 한 번뿐이라서, 이미 특별공급에 당첨된 이력이 있다면 다른 단지의 특별공급에는 지원할 수 없다. 이 같은 청약 제한 사항은 '청약자격확인'에서 '청약제한사항 확인'을 클릭해 확인할 수 있다.

청약홈 청약제한사항 조회

당첨주택명 동/호수	당첨일	제한사항					
		재당첨 제한	특별공급	부적격 당첨자 제한	투기과열지구·청약과열지역 (1순위 청약제한)	가점제 당첨제한	민간사전청약 당첨제한

조회기준일 : 2023-03-31

[청약 제한사항이 없습니다.]
* 사업주체의 당첨자명단 통지지연 또는 오류통지 등으로 인해 청약 제한사항이 조회되지 않을 수 있습니다
이 경우 사업주체로 직접 확인하시기 바랍니다.

가점 확인하기

지금까지 청약 신청 자격을 파악했다면, 이제 중요한 순서가 남았다. 자신의 가점을 파악하는 일이다. '공고단지 청약연습'을 눌러서 '청약가점계산기'를 선택한 뒤 무주택기간, 부양가족, 청약통장 가입일 등을 입력하고 '가점 계산하기' 버튼을 클릭한다. 미혼이라면 무주택기간은 만 30세가 되는 시점부터 계산한다. 아직 20대라면 무주택 가점은 '0점'이다.

청약홈 청약가점 계산하기

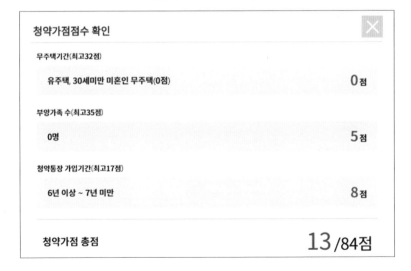

공고단지 청약연습

🏠 > 공고단지 청약연습 > 청약가점계산하기

☐ 청약가점 계산하기

ⓘ
- 청약가점제에 의해 청약신청을 할 때에는 청약자 분인이 직접 주택소유여부, 무주택기간 및 부양가족수를 산정해야 하므로 신청전에 청약신청 시 유의사항 및 가점제도 내용을 충분히 이해하여야 착오에 따른 불이익을 피할 수 있습니다.
- 착오 신청에 따른 책임은 청약자 분인에게 있으며 은행 및 한국부동산원에서는 이에 책임을 지지 않습니다.
- 적용기준을 숙지 후 가점항목을 선택하여 주세요.

Q1. 무주택기간
무주택기간을 선택해주세요. (※미혼인 경우 만30세부터 기간을 산정)   상세보기 ⌄

무주택기간선택   ⌄

Q2. 부양가족
아래의 부양가족 기준을 확인 후 4개 항목 모두를 선택바랍니다. (※본인제외)

○ 배우자 없음   ○ 배우자 없음

| 동일 등본 내 3년 이상 계속하여 등재된 본인의 직계존속(부모/조부모) | 동일 등본 내 3년 이상 계속하여 등재된 배우자의 직계존속(부모/조부모) | 동일 등본 내 등재(만 30세 이상은 1년 이상)된 미혼 직계비속(자녀/손자녀) | 상세보기 ⌄
| 0명 중 0개 | 0명 중 0개 | 0명 중 0개 |

합계

Q3. 청약통장
최초 청약통장 가입일을 입력해주세요.   상세보기 ⌄

ex) 2009-05-26

생년월일을 입력해주세요.

청약홈 청약가점 계산 결과

청약가점점수 확인   ✕

무주택기간(최고32점)

유주택, 30세미만 미혼인 무주택(0점)   0점

부양가족 수(최고35점)

0명   5점

청약통장 가입기간(최고17점)

6년 이상 ~ 7년 미만   8점

청약가점 총점   13 /84점

1995년생 K씨의 청약 가점이다. 만 30세 미만이고, 1인 가구이기 때문에 가점제로는 불리할 수밖에 없다. 그렇다면 전략을 바꿔 청약에서의 '수시'인 특별공급을 노려보기로 한다(특별공급에 대한 자세한 내용은 3장에서 다룬다).

종합소득세 납부 이력 확인하기

K씨에게 가장 적합한 특별공급은 '생애최초 특별공급'이다. 민영주택에는 1인 가구를 위한 생애최초 특별공급(추첨제)이 있고, 특별공급에 지원하고서도 일반공급으로 또 한 번 청약을 신청할 수 있어 자격만 된다면 특별공급은 무조건 공략해 보는 편이 당첨

홈택스 홈페이지 메뉴 탭

확률을 높이는 길이다.

그런데 생애최초 특별공급에는 조건이 하나 있다. 종합소득세를 5개년 이상 납부한 이력이 있어야 한다는 점이다. 5년을 연달아서 내야 할 필요는 없고, 드문드문이라도 5년 이상 납부했다면 조건을 충족할 수 있다. 특히 K씨처럼 이제 갓 직장인이 된 사회 초년생들은 5개년 이상 종합소득세를 납부해야 한다는 조건을 듣고 크게 낙담하기도 하지만, 희망을 버리기는 이르다. 대학 생활 틈틈이 아르바이트를 했다면 자신도 모르는 새 종합소득세를 냈을 확률이 크다. 종합소득세 납부 이력은 홈택스(www.hometax.go.kr)에서 확인할 수 있다. 공동인증서로 로그인한 뒤 '신고/납부' 탭을

홈택스 홈페이지 종합소득세 신고 내역 조회

누르고 '세금신고'에서 '종합소득세'를 클릭한 뒤, '신고내역 조회' 탭에서 확인해볼 수 있다.

또래에 비해 취업이 늦어 마음 졸였던 K씨는 다행히 그동안 착실하게 아르바이트를 해온 덕분에 5개년 종합소득세를 납부했고, 생애최초 특별공급에도 지원할 수 있게 되었다.

청약캘린더 확인하기

청약홈 청약캘린더

'수시(특별공급)'인지 '정시(일반공급)'인지 전략을 세웠다면, 이제 본격적으로 청약에 도전할 차례다. 매주 청약홈의 '청약캘린더'를 체크하며 입주자 모집공고가 올라오는 단지를 살펴야 한다. 파주에 사는 K씨라면 운정신도시에 분양하는 단지를 눈여겨보며 1순위 해당지역의 우선권을 놓치지 말아야 하는 것이다.

3장

특별공급의 매력

'정시'가 아닌 '수시'로
당첨까지 한 방에 도달하는 방법

평생에 단 한 번만 가능한 특별한 청약

'혹시 나도 가능한 게 있지 않을까?'

'바늘구멍 뚫기'라는 게 청약이라지만, 잘 찾아보면 미처 생각지도 못한 곳에서 기회를 발견하기도 한다.

"기관추천 특별공급 중에서 중소기업 추천이라는 것도 있더라고요. 저는 신혼부부도 아니고 다자녀도 아니어서 특별공급은 당연히 안 될 거라고 생각했는데……. 중소기업 장기근속자라서 특별공급에 도전해 볼 수 있을 것 같아요!"

비단 이 사례자만의 이야기가 아니다. 나 역시 비슷한 경험이 있다. 내가 처음 청약을 넣었을 때만 해도 특별공급에는 크게 관심을 두지 않았다. 나중에서야 분양권을 공부하면서 기관추천 특별공급에 대해 자세히 알게 되었고, 그때 국가유공자인 아버지의 특별공급 청약을 도와드리며 부모님께 내 집 마련의 기쁨을 선물해드렸다.

이처럼 특별공급은 정책적 배려가 필요한 사회계층 중 무주택자의 내 집 마련을 위해 생겨난 제도다. 국가보훈처 등 특정 기관의 추천을 받았거나 노부모부양가구, 다자녀가구, 신혼부부 등 나라에서 정한 조건을 충족한 대상자라면 특별공급 청약에 도전할수 있다. 일반공급과 마찬가지로 특별공급 청약은 청약홈을 통해직접 신청한다.

절대 놓치지 말자, 특별공급!

나는 종종 청약을 '입시'에 비유한다. 입시로 따지면 일반공급은 '정시모집'이고 특별공급은 '수시모집'인 셈이다. 특히 공공분양에서는 정시보다 수시로 뽑는 경우가 월등히 많다. 청약 가점이라는 자신의 '성적표'를 받아들고 정시에서 합격할 자신이 없다면하루 빨리 수시로 당첨 전략을 바꿔야 하는 것이다.

다음 표의 비율을 살펴보자. 특별공급 자격 조건이 크게 완화되는 추세고, 의외로 자신에게 딱 맞는 조건을 발견할지도 모르니 특별공급 종류와 주요 사항 정도는 꼭 한번 짚고 가는 편이 좋다. 가족 중에도 대상자가 없는지 꼼꼼히 살펴본다. 결혼 7년 미만 부부라면 신혼부부 특별공급을, 미성년 자녀가 세 명 이상이라면 다자녀가구 특별공급을, 65세 이상 부모를 3년 이상 계속 부양하고 있다면 노부모부양 특별공급을 집중적으로 파악해 보면 좋겠다.

특별공급 종류와 비율

구분		특별공급					일반 공급
		기관 추천	다자녀	노부모	신혼	생애 최초	
국민 주택		15%	10%	5%	30%	23%	15%
민영 주택	공공 택지	10%	10%	3%	20%	15%	42%
	민간 택지	10%	10%	3%	20%	7%	50%

- 기관추천·신혼·생애최초 특별공급 면적은 85㎡ 이하에 한함. 분양가 제한 없음

특별공급 체크리스트

• 특별공급은 평생에 단 한 번, 1세대당 1주택에 한해 1회만 신청할 수 있다.

• 신청자는 무주택 세대주(노부모부양)나 무주택 세대 구성원이어야 한다(소형 저가 주택도 소유해서는 안 된다).

- 특별공급과 일반공급은 중복 신청이 가능하다. 단, 특별공급 당
  첨자로 선정되면 일반공급 주택에 대한 청약은 무효 처리된다.
- 신혼부부, 기관추천 특별공급은 전용면적 85㎡ 이하 주택만
  청약이 가능하고, 노부모부양과 다자녀가구 특별공급은 85㎡
  초과 주택에도 청약할 수 있다.
- 일반공급과 마찬가지로 특별공급도 해당지역 거주자에게 우
  선 적용된다.
- 기관추천 특별공급의 경우 별도 규정에 따라 자체적으로 뽑는다.

신혼부부 특별공급

혼인기간이 7년 이내(혼인신고일 기준, 재혼도 포함)인 무주택 세대
구성원이 가입한 지 6개월 이상의 청약통장을 갖고 있다면 신혼
부부 특별공급에 도전할 수 있다. 이전까지는 '소득 요건'을 깐깐
하게 따지며 자녀가 많을수록 유리했지만, 최근에는 추첨제가 생
기며 민영주택에서 소득 요건이 사라졌다. 대기업 맞벌이 신혼부
부도 특별공급에 지원할 수 있게 된 것이다.

신혼부부 특별공급 아파트별 지원 조건

구분	국민주택	민영주택
공급물량	30%	20%
청약통장	6개월 이상 납입회수 6회 이상	6개월 이상 지역별 예치금 기준
신청 자격	- 혼인기간 7년 이내 - 혼인 후 주택을 소유한 적이 없을 것 - 소득 그리고 자산 기준 충족 - 예비 신혼부부 및 6세 이하 자녀를 둔 한부모가족도 가능	- 혼인기간 7년 이내 - 혼인 후 주택을 소유한 적이 없을 것 - 소득 또는 자산 기준 충족
구분	소득우선(70%), 소득일반(30%)	소득우선(50%), 소득일반(20%), 추첨제(30%)
당첨자 선정 방식	가점 13점 만점	① 해당 주택건설지역의 거주자 ② 자녀 수가 많은 사람 ③ 자녀 수가 같을 경우 추첨으로 선정

신혼부부 특별공급 민영주택 선발 방식(기준: 가구당 월평균 소득)

구분	소득 기준	선발 방식
소득우선(50%)	100% 이하 (맞벌이 120% 이하)	자녀수 순
소득일반(20%)	140% 이하 (맞벌이 160% 이하)	자녀수 순
추첨제(30%)	소득 요건 미반영	추첨제(자녀수 ×)

- 부동산가액이 약 3억 3000만 원 이하인 경우에만 신청 가능

다자녀 특별공급

미성년 자녀(태아·입양아 포함)를 세 명 이상 둔 무주택 세대 구성원이 가입한 지 6개월 이상 된 청약통장을 갖고 있다면, 다자녀가구 특별공급에서 길을 찾으면 된다. 과거 주택을 소유한 이력이 있더라도 입주자 모집공고일 기준 무주택 세대 구성원이면 신청할 수 있다. 단, 세 자녀 중 한 명이라도 성년이 되었다면 다자녀 특별공급에 지원할 수 없다.

다자녀 특별공급 배점표

평점 요소	배점 기준	점수
미성년 자녀수	5명 이상	40
	4명	35
	3명	30
영유아 자녀수	3명 이상	15
	2명	10
	1명	5
세대 구성	3세대 이상	5
	한부모가족	5
무주택기간	10년 이상	20
	5년 이상 10년 미만	15
	1년 이상 5년 미만	10
해당 시·도 거주기간	10년 이상	15
	5년 이상 10년 미만	10
	1년 이상 5년 미만	5
청약통장 가입기간	10년 이상	5

당첨자는 다자녀 특별공급 배점표에 따라 고득점순으로 선정한다. 만약 동일한 점수에서 경쟁이 붙었다면 우선 순위는 ① 미성년 자녀 수가 많은 사람 ② 자녀 수가 같을 경우 신청자의 연령(연월일 계산)이 높은 순으로 배정된다.

최근에는 미성년 자녀를 두 명 이상만 두어도 공공분양 다자녀 특별공급에 지원할 수 있도록 제도 개선을 검토 중이다.

노부모 특별공급

만 65세 이상 직계존속(배우자의 직계존속 포함)을 3년 이상 부양하고 있는 무주택 세대주라면 노부모부양 특별공급을 노려볼 만하다. 단, 신청자뿐만 아니라 부양 노부모 모두 무주택자여야 한다. 노부모부양 특별공급은 공공분양 및 일반공급 청약의 1순위 자격과 동일하게 적용되며, 지역 및 주택에 따라 가입한 지 6~24개월 이상 경과한 청약통장을 갖고 있어야 한다. 그래도 경쟁률이 상대적으로 매우 낮은 편이기 때문에 해당하기만 한다면 당첨을 기대해볼 수 있는 특별공급이다.

1순위 경쟁이 있다면 국민주택은 일반공급처럼 납입횟수와 총납입금액에 따라 순차적으로 당첨자를 가린다. 민영주택은 가점제로 당첨자를 선정한다. 동점자가 있는 경우에는 추첨으로 뽑는다. 만약 동일한 순위 내에 경쟁이 있다면 해당지역 거주자를 우선으로 하고, 이때 역시 동점자는 추첨으로 처리한다.

생애최초 특별공급

평생 단 한 번도 집을 소유한 적 없는 이들에게 더 많은 기회를 주고자 만들어진 특별공급이다. 이전까지는 국민주택에서만 생애최초 특별공급을 모집했는데, 이제는 제도의 폭이 확대돼 민영주택에서도 지원이 가능하다. 전용면적 $85\,m^2$ 이하만 신청할 수 있으며, 국민주택은 세대수의 25% 이내, 민영주택은 세대수의 9%(공공택지는 19%) 이내로 생애최초 특별공급 물량을 할당한다. 다음은 국민주택의 생애최초 특별공급 자격 요건이다.

① 생애최초 주택구입자(세대구성원 모두 과거 주택을 소유한 사실이 없어야 함)

② 무주택세대의 세대주 또는 세대구성원

③ 입주자 모집공고일 현재 근로자 또는 자영업자로서 5개년 이상 소득세를 납부한 사람

④ 입주자 모집공고일 현재 혼인 중이거나 미혼인 자녀(입양을 포

함, 혼인 중이 아닌 경우에는 동일한 주민등록등본에 올라가 있는 자녀를 말

함)가 있는 사람

⑤ 해당 세대의 월평균 소득이 전년도 도시근로자 가구당 월평

균 소득의 160% 이하인 사람(공공주택 특별법 적용 국민주택의 경우

월평균 소득의 130% 이하인 사람)

⑥ 부동산 자산 2억 1550만 원 이하, 자동차 3683만 원 이하 보유자

⑦ 규제지역은 청약통장 가입기간 2년 이상(납입인정회차 24회), 비

규제지역은 가입기간 1년 이상(납입인정회차 12회)이며 청약저축

액이 600만 원 이상인 사람

이어서 민영주택의 생애최초 특별공급을 살펴보자. 특히 민영주택에는 소득제한의 허들이 없어서 고액연봉을 받는 사람도 평생 주택을 매수한 적이 없다면 생애최초 특별공급에 도전할 수 있다. 민영주택의 자격 요건은 다음과 같다.

①~③은 국민주택과 동일

④ 입주자 모집공고일 현재 혼인 중이거나 미혼인 자녀(입양을 포

함, 혼인 중이 아닌 경우에는 동일한 주민등록표 등본에 올라 있는 자녀를 말

함)가 있는 사람, 또는 1인 가구(혼인 중이 아니거나 미혼인 자녀가 없

는 경우로서, 추첨제 30% 자격으로만 지원 가능)

* 단, 1인 가구 중 '단독세대인 자(세대별 주민등록표에 신청자의 배우자나 직계존비속이 없는 경우)'는 전용면적 60㎡ 이하 주택에 한해 청약 가능

⑤ 소득에 관계없이 지원할 수 있으나, 물량의 70%를 해당 세대의 월평균 소득이 전년도 도시근로자 가구당 월평균 소득의 160% 이하인 사람에게 우선 공급함

⑥ 부동산 자산 3억 3100만 원 이하 보유자

⑦ 지역 및 주택에 따라 청약통장 가입기간과 예치금 기준이 다름(일반공급 1순위와 동일)

간과하기 쉬운 요건이 바로 '5개년 이상 소득세를 납부한 사람'이다. 청약신청자가 과거 주택을 소유했는지 여부만큼이나 경제활동 의지를 중요하게 살피겠다는 뜻이다. 간혹 직장생활 경력이 짧은 사회초년생 중에는 이 요건 때문에 생애최초 특별공급을 포기하는 경우도 있다. 하지만 아르바이트를 하며 납부한 소득세가 종종 발견되기도 하므로, 반드시 국세청 홈페이지에 방문해 자신의 소득세 납부 이력을 샅샅이 살펴야 한다.

그렇다면 부모가 소유한 주택에 동거하는 자녀는 생애최초 특별공급 대상자가 될 수 있을까? 부모의 나이가 만 60세 이상일 때만 무주택 세대주로 인정돼 생애최초 특별공급에 지원할 수 있다.

생애최초 특별공급은 세대당 한 건만 청약이 가능하다(공공분양에는 청년 특별공급도 있다. 자세한 내용은 5장 참고).

기관추천 특별공급

기관추천 특별공급 대상에 해당하는 기관 장의 추천을 받은 사람이면 신청할 수 있다. 청약통장 가입기간이 6개월 이상이면 자격이 주어지며, 국가유공자 및 장애인의 경우는 청약통장이 없어도 신청이 가능하다. 청약홈에 입주자 모집공고가 올라오기 전부터 각 기관에서 미리 접수를 받기 때문에 분양 소식을 가장 먼저 접할 수 있는 것도 기관추천 특별공급이다. 꺼진 불도 다시 보자는 심정으로 해당 사항은 없는지 찾아보길 바란다. 추천기관 및 대상자는 다음과 같으며, 대상자는 관련 기관에 더 자세하게 문의해 보는 것이 좋겠다.

추천기관 및 대상자
- 국가보훈처: 국가유공자 및 유족, 국가보훈대상자, 장기복무 제대군인
- 장애인: 해당지역 장애인복지과

- 중소기업 근로자: 중소벤처기업청 등

- 장기복무 군인: 국군복지단 복지사업운영과

- 북한이탈주민 및 납북피해자: 통일부 하나원

- 이외 대상자는 납북피해자, 일본군위안부, 영구귀국과학자, 올림픽 등 입상자, 의사상자, 철거주택소유자 및 세입자, 행정중심복합도시(세종특별자치시) 및 도청이 있는 신도시나 혁신도시 등 비수도권으로 이전하는 공공기관·학교·의료·연구기관 기업의 종사자, 이전하는 주한미군기지 고용원, 산업단지 종사자 등

신청 방법과 당첨자 선정 방식

- 자격 요건을 갖춘 자는 먼저 해당 기관에 신청해야 한다. 해당 추천 기관에서 자체적인 기준에 따라 대상자를 정한다.

- 당첨자는 관계 기관의 장이 정하는 우선순위에 따라 선정되며, 해당지역 거주자에게 우선순위를 주기도 한다.

- 해당 기관에서 대상자로 선정된 사람은 분양단지 사업 주체에 이를 꼭 통보해야만 기관추천 특별공급의 최종 대상자가 된다. 또한 해당 청약일에 반드시 청약홈에서 다른 특별공급과 마찬가지로 직접 신청 절차를 밟아야 한다.

- 기관추천 특별공급에 청약을 한 경우 타 특별공급에 중복 신청이 불가하다.

기관추천(국가유공자) 특별공급
공부를 하니 보이지 않던 길이 보였다!

이번엔 나의 이야기를 꺼내볼까 한다. 나는 처음 부동산 공부를 시작했을 때부터 지금까지 듣고 싶은 부동산 관련 강의가 있으면 틈나는 대로 찾아다녔다. 부동산 시장의 흐름은 경매 분야가 좋을 때도 있고, 재건축이나 분양권이 대세를 이루는 때도 있어 언제나 다방면의 공부가 필요하기 때문이다.

그날도 열심히 부동산 강의를 듣던 중이었다. 강의 주제는 '분양권'이었는데, 특별공급에 대한 내용이 정말 '특별하게' 다가왔다. 그전까지만 해도 특별공급은 나와 거리가 먼 이야기라고만 생각해왔다. 그런데 그날 불현듯 '기관추천 특별공급'이라는 말이 내 눈길을 사로잡았다. 아버지가 베트남전쟁에 참전한 국가유공자라는 사실이 떠올랐던 것이다. 갑자기 가슴이 뛰기 시작했다. 강의가 끝나자마자 아버지에게 전화를 걸었다.

"아버지! 아버지가 국가유공자라서 특별공급 청약에 넣으면 될 것 같아요!"

해당 추천기관인 국가보훈처에 문의해 보니 아버지는 진짜로 특별공급 대상자였고, 그때부터 어떤 아파트에 넣는 게 가장 좋은 판단인지 자세한 탐색과 함께 공부에 돌입했다.

우선 공공분양 아파트보다는 민간분양 아파트에 넣을 때 경쟁률이 더 낮을 것 같았다. 나는 아버지와 함께 국가보훈처 사이트에 들어가 민간분양자 신청을 했다. 기관추천 특별공급은 분양공고 전 미리 국가보훈처에 신청을 해야 한다.

그러고 난 후 아버지가 출퇴근하기 편한 위치인 수도권 지역에 3~4억 원대 아파트의 분양 정보를 뒤지기 시작했다. 거의 1년 치에 육박하는 분양예정물량을 다 뒤져보았던 것 같다. 배곧신도시, 목감신도시, 항동택지, 다산신도시, 미사·옥길·은계 등 택지지구를 분석하며 입지와 조건을 따지고, 분양 계획 일정도 세심하게 체크했다. 그동안 부동산 투자를 해오던 습관이 있었기에 다음과 같은 원칙을 기본적으로 염두에 두고 있었다.

① 최소 5000만 원에서 1억 원 정도의 프리미엄이 붙을 수 있

는 아파트를 찾는다.

② 부동산 경기가 나빠져 적정한 가격에 매도가 어려워질 수
있으므로, 이에 대비해 직접 들어가 살 수 있는 아파트를 고
른다.

③ 당첨이 목표인 만큼 누구나 원하는 A급은 의도적으로 피하
고, 전략적으로 B급을 노린다.

얼마의 돈이 필요한지도 아버지에게 미리 강조해서 알려드렸다.
분양가가 4억 원이라면 계약금 4000만 원이 곧바로 필요하고, 중
도금(60%) 2억 4000만 원은 대출을 받아야 하며, 그 외 잔금(30%)
인 1억 2000만 원도 마련해야 했다.

오랜 탐색과 준비 끝에 딱 맞는 아파트를 발견했다. 경기도 고양
시 향동지구에 있는 '고양향동리슈빌' 특별공급이었다. 입지와 교

고양시 향동지구 공공주택지구(출처: 택지정보시스템)

통 여건이 모두 마음에 들었다.

모델하우스에 사전 방문하고 국가유공자 특별공급 신청자임을 확인한 뒤 서류를 접수했다. 그리고 청약 신청 당일, 꼭두새벽부터 모델하우스 현장으로 출발했다. 지금은 특별공급 청약 신청이 인터넷 접수로 바뀌었지만, 그때는 직접 모델하우스 현장으로 가서 줄을 선 뒤 서류를 접수했다. 무사히 접수를 마치고 돌아오는데 기분이 무척 좋았다. 74형에 신청해 당첨될 수도 있겠다는 생각이 들었다.

그리고 발표 당일, 예상대로 당첨이었다. 이른바 '로열동', '로열층'까지 거머쥐었다. 무엇보다도 아버지가 가장 좋아하셨다. 그리고 마침내 입주한 현재 아버지는 "남향 집의 햇빛을 바라보면 겨

고양향동리슈빌 특별공급 청약 결과

주택형	특별공급 세대수	신청자(명)	신청률(%)
74	116	87	75
80	3	0	0
84A	119	96	81
84B1	40	6	15
84B2	39	7	18
계	317	196	62

울에 난방을 하지 않아도 된다"라며 흐뭇해 하신다. 채널A〈서민갑부〉328회에서 "70세 넘어서 청약에 두 번 당첨된 사람은 나밖에 없다"라고 말하며 환히 웃으시던 아버지의 미소가 평생 기억에 남을 것 같다.

기회가 더 많아진 특별공급, 쉽게 포기하면 안 되는 이유

"넣을 수 있을 때 꼭 넣으세요. 특히 신혼부부라면요. 혼인기간과 소득 기준 요건이 정해져 있어서 때를 놓치면 넣고 싶어도 못 넣게 된답니다."

이건 내가 정말로 강조하고 싶은 말이다. 더욱이 특별공급의 기회가 점차 넓어지면서 무주택 실수요 신혼부부들의 내 집 마련 기회는 더욱 확대되었다. 혼인기간 요건도 7년으로 넉넉하고, 무자녀도 신청 가능하며 소득 기준 역시 사라진 것이다.

이외에도 두 가지 측면에서 특별공급의 기회가 대폭 확대되었다. 이는 곧 특별공급을 쉽게 포기하지 말아야 하는 이유이기도 하다.

첫째, 특별공급 당첨자 선정 이후 발생한 미분양 물량(미달된 잔여세대)을 곧바로 일반공급에 돌리지 않고, 초과된 다른 특별공급 유형의 신청자에게 우선공급하게 되었다. 이전까지는 일부 특별공급 유형에서 미분양 물량이 발생하면 모두 일반공급 물량으로 전환했는데 말이다.

이를테면 다자녀가구 특별공급에서 10명을 뽑고 신혼부부 특별공급에서 20명을 뽑는데, 다자녀가구는 2명이 신청했고 신혼부부는 30명이 지원했다고 치자. 이런 경우 다자녀가구 특별공급에서는 8명분의 잔여 물량이, 신혼부부 특별공급에서는 10명의 탈락자가 발생한다. 기존에는 이 8명분의 잔여 물량이 일반공급으로 전환되며 신혼부부 10명은 그대로 탈락했는데, 이제는 그 10명 중 추첨을 통해 8명을 뽑아 다자녀가구 잔여 물량의 당첨자를 선정하는 것이다.

둘째, 특별공급에도 예비당첨자를 선정하는 제도가 신설됐다. 이전까지는 일반공급과 달리 특별공급은 예비당첨자를 뽑지 않았다. 그러나 이제는 특별공급도 전체 특별공급 세대수의 40% 이상을 예비당첨자로 선정하고 있다. 특별공급에서 부적격 및 미계약 물량이 발생하면, 이 예비당첨자들에게 기회가 돌아가니 그만큼 당첨 확률이 더 높아진 셈이다.

다음은 호반써빗목동의 실제 분양 사례다.

호반써밋목동 청약 결과

주택형	공급 세대수	지역	접수 건수				경쟁률
			다자녀	신혼 부부	노부모	기관 추천	
84B	35	배정 세대수	8	16	3	8	45.97
		해당 지역	83	1047	70	6(29)	
		기타 지역	94	289	20		

경기도(기타지역)에 거주하는 M씨는 서울에서 분양한 호반써밋 목동 84B형에 신혼부부 특별공급으로 지원했다가 예비번호 18번을 받았다. 신혼부부 특별공급은 16세대 모집에 해당지역(서울)에서만 1047세대가 지원했지만, 8세대를 뽑는 기관추천 특별공급에 단 6세대만이 지원하며 2세대가 주인을 못 찾고 남게 된 것이다. 앞서도 말했지만 특별공급의 특정 유형에서 미달된 세대수는 특별공급의 다른 유형에서 남는 인원으로 충원한다. 게다가 예비당첨자로만 40%를 뽑기 때문에 기타지역에서 신혼부부 특별공급으로 지원한 M씨에게까지 기회가 돌아온 것이다(예비당첨자 순번은 추첨으로 정한다).

이제 왜 특별공급에 더욱 관심을 가져야 하는지 납득이 되는가?

그럼 아래의 체크리스트를 통해 특별공급의 요점을 짚어 보며 마무리해 보자.

- 기관추천 특별공급에 해당 사항이 있다면 꼼꼼하게 신청하고 준비해 놓치지 말자. 기관추천 물량으로 할당된 세대수에서 예비 추첨자도 뽑기 때문에 부적격이나 미계약 물량이 생기면 충분히 기회가 올 수 있다.
- 신혼부부 특별공급은 경쟁률이 높은 편이다. 국민평형인 84형은 전략적으로 피하며 공급 수가 많은 타입이나 신혼부부들이 다소 비선호하는 대형 평형, 분양가가 좀 더 비싼 곳을 공략하는 게 유리할 수 있다. 예비당첨도 있으니 넣을 수 있는 조건이 된다면 망설이지 말고 무조건 넣어야 한다.
- 다자녀가구 및 노부모부양 특별공급은 상대적으로 경쟁이 낮은 편이다. 그래도 조금 더 당첨 확률을 높이고 싶다면, 전략적으로 59형 비인기 타입에 넣는 것도 방법이다. 아무래도 가족 구성원 특성상 대부분 대형 평형으로 몰리기 때문이다.
- 특별공급에 관해 궁금한 점이 있다면 국토교통부(1599-0001)나 청약홈(1644-7445)에 전화해 적극적으로 물어본다.

신혼부부 특별공급
둘째와 함께 기적처럼 찾아온
당첨이라는 선물

서울에 사는 G씨는 결혼 4년 만에 청약으로 내 집 마련에 성공했다. 경기도 화성 반정아이파크캐슬4단지에 신혼부부 특별공급으로 당첨이 된 것이다. G씨의 표현에 따르면 "둘째와 함께 기적처럼 찾아온 선물" 같은 당첨이었다.

"선생님 저 임신했어요!"

낮은 가점 탓에 청약은 포기했던 G씨는 들뜬 마음이 가득 담긴 목소리로 내게 이렇게 말했다. 해당 주택건설지역 거주자에 이어 자녀 수가 많은 사람에게 우선순위가 부여되는 신혼부부 특별공급에서 우위를 점할 수 있게 된 것이다.

"당장 청약홈부터 켜세요!"

나는 하늘이 내려준 기회를 절대 놓쳐서는 안 된다고 말했다. G
씨는 남편 직장을 따라 8개월 전에 서울로 전셋집을 옮긴 상황이
었다. 해당지역 1순위 거주 요건을 충족하지 못했기에 서울에 청
약을 넣기도, 경기도에 넣기도 애매한 상황이었다. 이를 만회할
비장의 카드가 필요했다. 바로 그때 둘째 임신 소식이 G씨 가족에
게는 하늘에서 내려준 동아줄이었던 것이다.

G씨는 반정아이파크캐슬4단지에 도전해보기로 했다. 해당 단
지가 분양하기 전후로 성남, 과천, 위례, 강동 등 굵직한 지역에서
나올 청약 물량이 많았고, 화성시에서는 동탄의 역세권 대장 아파
트가 분양을 기다리고 있었다. 여기에 3기 신도시 발표까지 이어
지면서 그야말로 다들 어디에 청약을 넣어야 할지 혼란스러운 상
황이었다. 이때 G씨는 분위기를 기민하게 살펴 자신에게 유리한
전략을 세웠다.

'내가 봐도 서울에 분양하는 단지들은 시세 차익이 10억 원을
넘을 것 같다. 화성시에 있는 고가점 청약통장은 동탄의 역세권
아파트에 주목할 것이다. 누구도 반정동에 관심을 두지 않을 때,
오히려 이곳에 청약한다면?'

남편마저도 "다른 더 좋은 단지에 청약할 수 없을까?"라며 말리
는 상황에서 G씨는 더더욱 확신을 얻었다. 서점에서 수도권 지도
까지 사와 펼쳐 들고는 남편을 설득하기 시작했다.

남편: 동탄도 아니고 화성은 안 오를 텐데?

G씨: 반정동은 수원이랑 딱 붙어 있으니 사실상 수원이지!

남편: 역이랑 너무 멀잖아.

G씨: 애매한 역세권보다 더 좋은 '직주근접('직장과 주거지가 가까
움'을 뜻하는 은어)' 몰라? 여기 사람들은 서울보다 삼성전자
로 출퇴근할걸?

오랜 설득 끝에 남편은 결국 G씨에게 두 손 두 발을 들었다. G
씨는 동시 분양한 반정아이파크캐슬4단지와 5단지 각각에 84B형,
84A형 청약을 넣었다. 당첨자 발표는 5단지가 앞섰다. 5단지에서

반정아이파크캐슬4단지 특별공급 84B형 경쟁률

주택형	공급세대	지역	특별공급 접수건수				
			다자녀	신혼부부	생애최초	노부모 부양	기관추천
84B	29	배정세대	6	11	4	2	6
		해당지역	1	21	16	0	
		기타경기	3	-	-	-	4(3)
		기타지역	1	63	40	2	
		접수세대	4	84	56	2	4

300번 대의 예비당첨 번호를 받아든 G씨는 문득 '이거 되겠는데?'라는 생각을 했다고 한다. 아니나 다를까. 마침내 4단지의 발표날이 밝았고, 그렇게 기다리고 기다리던 '당첨'이라는 두 글자를 손에 쥐게 되었다. 옆 페이지의 표는 G씨가 신청했던 반정아이파크캐슬4단지의 특별공급 결과를 정리한 것이다.

G씨가 지원했던 신혼부부 특별공급은 11세대 모집에 84세대가 지원했지만, 4단지와 5단지에 중복해서 청약한 인원이 많았다. 그 덕분에 해당지역을 넘어 기타지역인 G씨에게까지 기회가 찾아온 것이다. 처음에는 당첨 소식을 듣고도 기쁜 기색을 드러내지 않았던 남편은 입주 시점이 다가올수록 "내 평생 언제 새집에 또 살아보겠어"라며 연신 콧노래를 불렀다고 한다.

G씨가 공략한 특별공급은 서류 심사에서 부적격 요건이 많이 발견된다. 그 때문에 일반공급에 비해 당첨이 취소되는 사례가 빈번하다. 게다가 다른 특별공급 유형에서 미달이 나서 어부지리로 당첨되는 사례가 점점 늘고 있다. 부적격으로 인한 미계약 물량이 많아지면 예비당첨을 통해 당첨되는 경우도 많아질 수밖에 없다. 그러니 G씨처럼 포기하지 말고 특별공급의 문을 두드려보기 바란다. 설령 떨어지더라도 한번 도전해 보자는 마음으로 넣는다면 기회는 분명히 찾아올 것이다.

4장

청약 당첨 전략

무엇을 보고
어떻게 접근해야 할까?

생애주기별
청약 전략

청약에 대한 기본 정보와 지식을 어느 정도 이해했다면, 이제 본격적으로 실전을 준비해야 한다. 먼저 연령대와 상황에 따라 어떻게 접근하고 무엇을 유념해야 좋은지 생애주기별 청약 전략을 살펴보자.

20대 미혼기: 청약통장 준비, 불입부터 챙겨라

인생의 계획을 세우고 경제적 독립을 준비하는 시기다. 아르바이트나 직장생활을 통해 조금씩 돈을 모아가는 시기이기도 하다. 앞서도 언급했지만 청약통장은 17세 생일날 만드는 것이 가점 산정에 가장 유리하다. 아직 청약통장을 만들지 않은 20대라면, 하루라도 빨리 청약통장부터 개설해야 한다.

청약통장을 만들었다면 무엇보다 성실히 그리고 꾸준히 납입하는 것이 중요하다. 주택청약종합저축은 매달 2~50만 원을 납입할 수 있는데, 가장 권하고 싶은 금액은 10만 원이다. 공공분양 청약 시에는 총 납입금액이 중요해 너무 적은 금액을 넣으면 갈 길이 멀다. 매달 10만 원을 최대 납입금액으로 인정하므로 굳이 많은 금액을 넣을 필요도 없다(민간분양은 예치금액까지 납입하면 된다).

중간에 돈이 급하게 필요하다고 해서, 또 당장 몇 년간은 사용할 일이 없다고 해서 청약통장을 해지해야 하나 고민하는 사람이 많다. 나는 절대적으로 이를 말리고 싶다. 이건 몇 번을 이야기해도 지나침이 없으니 꼭 새겨들었으면 한다. 청약통장 불입과 함께 미리미리 부동산 시장과 분양 뉴스에 관심을 두었으면 한다.

신혼부부: 상황에 따른 선택과 도전이 중요하다

아기를 낳기 전 신혼 기간이 종잣돈을 모으기에 가장 좋은 시기다. 아직 주택을 구입하지 않은 신혼부부에게는 청약이 특히 유리한 내 집 마련 방법이다. 부부가 각자 청약통장을 하나씩 갖고, 여러 선택지 중 어떤 것이 우리 부부에게 가장 효율적일지 차근히 고민해 판단 기준을 마련해 두는 것이 좋다.

신혼부부 특별공급 기회를 유심히 보고 민영주택과 국민주택

중 더 유리한 쪽을 선택한다. 3장 '특별공급'에서 다뤘던 대로 민영주택은 소득 조건을 우선 체크하고, 국민주택은 소득과 함께 정해진 자산 보유 기준을 확인한다. 더불어 별도의 배점 항목도 함께 염두에 두어야 한다.

해당지역에 살지 않거나 자녀가 없는 신혼부부라면 순위 경쟁에서 다소 밀린다. 이 경우는 일단 자신이 거주하는 지역에서 분양하는 단지에 청약을 넣어보는 것이 좋다. 너무 경쟁이 치열한 단지만 바라보기보다는 눈높이를 낮추는 전략도 필요하다. 자녀가 두 명 이상이라면 망설일 필요가 없다. 해당지역 청약에 기대를 걸어보자.

싱글남·싱글녀: 생애최초 특별공급을 노려라

생애최초 특별공급의 기회가 민간분양으로 확대됐다. 그동안 신혼부부 특별공급을 노릴 수 없어 선택지가 적었던 싱글들에게도 기회가 생긴 셈이다. 그밖에 일반공급에서 부활한 추첨제를 노려보는 것도 좋은 전략이다. 싱글들이 가점으로 청약에 당첨 확률은 높지 않다. 그러므로 '잔여세대 분양' 등 다른 대안을 찾아보는 것도 좋은 방법이다. 이와 같이 청약통장을 사용할 수 없는 상황에서 새 아파트를 마련하는 방법은 이후 7장에서 자세히 다루도록 하겠다.

30~40대: 자신의 상황을 판단하고 가능한 단지를 공략하라

무주택자는 우선 가점부터 파악해 보라. 그다음 해당 가점으로 당첨권에 들 수 있는 아파트 리스트를 만들어보고, 주요 지역과 분양 시기를 잘 살펴보는 것이다. 동시에 자신의 위치를 객관적으로 보는 시각도 필요하다. 아직 가점이 충분하지 않다면 일반분양 '추첨제'를 노리거나 '미계약분(잔여세대)', '미분양' 등 대안을 찾으며 조금 더 타이밍을 기다려보는 것도 좋겠다. 가점은 1년에 3점씩 증가하고(무주택 기간 2점+청약통장 가입기간 1점), 아이를 한 명 낳을 때마다 5점이 증가하기 때문이다.

유주택자에게는 여전히 청약의 기회가 많지 않지만, 기존 주택 처분 조건이 사라진 것은 환영할 만하다. 1주택자 역시 청약이 여의치 않다면 잔여세대 분양 등 대안도 찾아볼 수 있다.

50~60대: 주택 소유 여부에 따라 전략적으로 접근하라

무주택자라면 가점이 높은 이른바 '무적 통장'을 갖고 있을 가능성이 높다. 입지가 좋고, 시세보다 분양가가 저렴하게 나온 단지를 노려볼 만하다. 가점이 낮다면 추첨제 물량이 상대적으로 많이 나오는 85㎡ 초과 중대형 평형이되 공급 세대수가 많은 곳을 중심으로 살펴보는 것이 좋다.

청약에 당첨이 되려면 가족이 합심하여 다 같이 머리를 맞대야 한다. 특별공급에 해당하지는 않는지 우선적으로 따져보고, 실수를 줄이려면 가점 계산도 정확히 해봐야 한다. 자신의 자산 수준에서 청약할 수 있는 분양가가 어느 정도인지 파악한 뒤 분양단지를 분석해 보자. 당첨 확률이 높지 않다고 판단될 때에는 어떤 대안이 좋을지 우회로를 찾는 것도 방법이다.

나는 지금 어디에서
살 것인가?

앞서도 누누이 강조했지만, 분양을 받고자 할 때 가장 먼저 고려해야 하는 요인이 바로 '지역'이다. '그래서 어디를 살까요?'라는 물음을 떠올리지 않을 수 없다. 보통은 내가 살던 익숙한 지역이나 직장을 중심으로 어느 정도 범위가 좁혀진다. 이렇게 관심 지역을 선정하고 나면 그 지역에서 몇 개의 단지를 분양하는지, 몇 세대의 당첨자를 뽑는지부터 파악해 보고, 청약자가 얼마나 몰릴지도 예상해 봐야 한다. 물론 자신이 청약을 넣을 만한 상황인지도 따져봐야 한다.

청약에는 해당지역 우선권, 즉 '당해'라는 기준이 있다. 일반적으로 해당지역 거주자에게 우선권이 있다는 뜻이다. 최소한 모집공고일 전날까지는 해당지역의 주소지로 전입이 이루어져야 하는데, 투기과열지구는 2년 이상 거주해야 하며, 그외 비규제 지역의 거주 요건은 지자체별로 다르다.

그래서 자신이 분양받고 싶은 단지를 찾았다면 최소 2년 전부터 그 지역에 거주할 수 있는 준비와 환경을 갖춰두는 것도 중요한 전략이다. 그 지역이 어디인가에 따라 당첨의 확률은 달라질 수 있다.

다음 표를 살펴보자. 경기도 '과천센트럴파크푸르지오써밋'의 청약 경쟁률과 당첨 커트라인이다.

과천센트럴파크푸르지오써밋 청약 결과

주택형	일반공급 세대수	순위		접수 건수	순위 내 경쟁률 (미달 세대수)	최저	최고	평균
84A	162	1순위	해당지역	139	(△23)	-	-	-
			기타지역	2,840	123.48	64	78	67.91
84T	31	1순위	해당지역	16	(△15)	-	-	-
			기타지역	498	33.2	56	69	62.07
평균 경쟁률	434			6,460	14.88			

수도권에서 가장 좋은 주거지로 꼽히는 과천에서 오랜만에 나온 새 아파트 분양이었다. 더욱이 분양가도 주변 시세보다 낮았다. 연일 뉴스에서는 당첨만 되면 무조건 1~2억 원의 시세차익을 거둘 수 있는 '로또 아파트'라는 보도가 빗발쳤다. 그로 인해 뜨거운 청약 열기가 점쳐졌던 곳이다. 그런데 1순위 해당지역의 84A형, 84T형에서 각각 23세대, 15세대의 미달세대가 나왔다. 다른 타입도 대부분 1점대의 낮은 경쟁률을 보였다. 대체 왜 이런 결과가 나온 걸까?

이유는 바로 '청약 가능한 인구의 규모' 때문이었다. 행정안전부 자료에 따르면 당시 과천의 총 인구는 5만 7401명이고, 총 세대수는 2만 860세대였다. 과천은 투기과열지구이기 때문에 세대주만 청약할 수 있고, 1순위도 해당지역이 우선적으로 공급됐다. 당시 1월 기준으로 과천의 1순위 청약통장은 1만 9161개였다. 이 중 당시 해당지역으로 분류되지 않는 1년 미만 거주자, 세대주가 아닌 세대원의 청약통장, 가점제 대상이 아닌 유주택자를 제외해 보자. 해당 단지는 전용면적 84㎡ 이상이 9억 원 이상이었으므로 중도금 대출도 불가해 포기한 사람 역시 많았을 것이다. 이것저것 다 따져보면 결국 1순위 해당지역 대상자이면서 동시에 자금 여력까지 있는 사람은 실제로 많지 않았던 셈이다.

그래서 84A형과 84T형에 청약을 넣은 해당지역 1순위는 가점이 매우 낮아도 100% 당첨됐다. 84B형과 84C형의 당첨 가점 커트라인도 각각 15점과 18점에 불과했고, 59A형과 59T형의 최저 가점 또한 각각 29점과 23점으로 낮게 나왔다. 당시 서울에서 분양한 아파트의 평균 최저가점이 40~50점이었던 것과 비교해 보면 확실히 낮은 수치다. 한편 84A형과 84T형에서 미달된 23세대, 15세대 물량이 1순위 기타지역 거주자에게로 넘어가자 경쟁률은 123.48 대 1과 33.2 대 1로 폭발했다. 당첨 최저가점은 무려 64점, 56점이었다.

이처럼 과천센트럴파크푸르지오써밋은 '해당지역 거주자'라는 이점이 압도적이었던 단지다. 앞으로도 과천에서 분양할 단지는 이와 크게 다르지 않을 것으로 예상된다. 해당지역 거주자라면 당첨 확률이 높을 것이고, 근처의 서울 거주자라면 엄청난 경쟁률을 뚫어야 할 것이다. 게다가 과천에는 아직 분양이 끝나지 않았기 때문에 서울 거주자들은 과천 거주자가 계속 부러울 수밖에 없는 상황이 펼쳐질 듯하다.

기왕 내 집을 마련할 계획이라면, 당첨 가능성이 높은 지역으로 옮겨 전세를 살다가 해당지역 요건을 충족했을 때 본격적인 청약 작전을 펼쳐보는 건 어떨까? '지금 어디에 살고 있는가'보다 더 중요한 건 '앞으로 어디에 살 것인가'이다.

서울에 분양받고 싶다면 서울에 거주하는 것이 유리하다. 아무리 청약 규제가 풀리고 있다고 해도 '기타지역'은 엄연히 경기도, 인천까지다. 지방에 살면서 서울 청약을 노리고 있다는 말은 어불성설이라는 이야기다(단, 세종특별시, 고덕국제신도시 등 전국 청약이 가능한 지역도 있다).

주거지를 어디로 정할지 아직 고민 중이라면, 지금의 생활권도 좋지만 향후 분양예정물량이 많은 지역을 눈여겨보길 바란다. 분양예정물량이 거의 없는 지역보다는 입지가 좋으면서도 분양예정물량이 많을 광명 등으로 시야를 넓혀보는 것이다. 그리고 3기 신도시 예정지에도 미리 거주하면서 청약을 준비하는 것이 바람직하다.

경쟁률을 미리
예측해 보는 방법

청약을 넣고 싶은 단지가 있다고 치자. 내가 정말 당첨권에 해당하긴 하는지, 또 어떤 평형과 타입에 청약을 넣어야 할지 여러모로 고민이 될 것이다. 어느 쪽으로 넣어야 당첨 확률을 더욱 높일 수 있는지 예측해 보는 방법은 없을까?

개인적으로 나는 특별공급 경쟁률을 보면서 일반공급의 경쟁률을 미리 점쳐본다. 특별공급의 청약 결과를 분석해 보면 그 속에서 힌트를 발견할 수 있기 때문이다.

특별공급 청약의 인기도는 일반공급 청약의 인기도와 유사하게 흐른다. 2017년 8월 이후부터는 특별공급의 접수도 인터넷으로 가능해졌지만, 직접 모델하우스에 방문해 현장 접수를 해야 했던 과거에는 그날 길게 늘어선 줄을 보면서 해당 단지의 열기를 고스란히 느끼곤 했다.

2023년 분양한 영등포자이디그니티의 사례를 살펴보자. 강남구, 서초구, 송파구, 용산구를 제외한 서울 전역이 비규제 지역으로 바뀐 이후에 처음 분양한 단지여서 영등포자이디그니티 청약 결과에 모두의 이목이 집중됐다. 특별공급 경쟁률은 어땠을까? 평균 57 대 1로 눈치싸움이 상당히 치열했음을 엿볼 수 있다.

영등포자이디그니티 특별공급 청약 결과

주택형	공급 세대수	지역	접수건수				
			다자녀 가구	신혼 부부	생애 최초	노부모 부양	기관 추천
59A	16	배정세대수	3	6	3	1	3
		해당지역	7	445	1457	7	2(3)
		기타지역	2	68	319	1	
59B	21	배정세대수	4	8	4	1	4
		해당지역	0	381	1179	7	4(7)
		기타지역	1	70	292	0	
59C	1	배정세대수	0	1	0	0	0
		해당지역	0	30	0	0	0(0)
		기타지역	0	3	0	0	

주택형	공급세대수	지역	접수건수				
			다자녀가구	신혼부부	생애최초	노부모부양	기관추천
84A	15	배정세대수	3	6	3	0	3
		해당지역	6	125	110	0	2(5)
		기타지역	3	21	22	0	
84B	17	배정세대수	3	7	3	1	3
		해당지역	0	98	55	4	2(5)
		기타지역	0	15	9	0	
84C	17	배정세대수	3	7	3	1	3
		해당지역	8	119	61	2	1(3)
		기타지역	1	23	10	0	

특별공급 다음 날 모집한 1순위 청약 결과는 가히 충격적이었다. 평균 경쟁률은 189 대 1, 당첨 최저가점도 60점을 훨씬 웃돌았다. 여기서 한 가지 주목할 점은 특별공급의 경쟁률이 높은 순서대로 일반공급의 경쟁률이 줄 세워졌다는 것이다. 특별공급의 타입별 경쟁률을 살펴보면 '59A 〉 59B 〉 84A 〉 84C 〉 84B' 순이다. 그럼 이번에는 일반공급의 청약 결과를 보자.

영등포자이디그니티 일반공급 청약 결과

주택형	공급 세대수	순위		접수건수	순위 내 경쟁률	당첨 최저가점
59A	18	1순위	해당지역	4,558	253.22	69
		1순위	기타지역	1,866	-	-
59B	19	1순위	해당지역	3,138	165.16	65
		1순위	기타지역	1,297	-	-
59C	8	1순위	해당지역	1,047	130.88	64
		1순위	기타지역	454	-	-
84A	17	1순위	해당지역	2,124	124.94	67
		1순위	기타지역	991	-	-
84B	18	1순위	해당지역	1,291	71.72	69
		1순위	기타지역	647	-	-
84C	18	1순위	해당지역	1,465	81.39	63
		1순위	기타지역	600	-	-

- 모든 타입 1순위 해당지역 마감

순위 내 경쟁률이 높은 순서로 보면 '59A 〉59B 〉59C 〉84A 〉84C 〉84B'였다. 특별공급 경쟁률과 매우 비슷한 양상임을 확인할 수 있다.

그렇다면 특별공급 이전부터 경쟁률을 미리 예측할 방법은 없을까? 청약홈보다 앞서 분양 공고를 게시하는 기관추천 특별공급 전형을 통해 타입별 경쟁률을 가늠할 수 있다. 그중에서 장애인 특별공급은 고가점자 순으로 당첨자를 가르고 그 결과를 홈페이지에 공개한다(포털사이트에 '서울 장애인 특별공급'을 검색한다).

2023년 무순위 '줍줍' 열풍을 불러일으킨 올림픽파크포레온의 장애인 특별공급 커트라인은 49형 71점, 39형 47.5점으로 49형이 월등히 높았는데, 실제로 무순위 청약 경쟁률 역시 49형은 105.78 대 1, 39형은 20.11 대 1로 49형이 더 높게 나왔다. 이처럼 기관추천 특별공급의 결과는 특별공급을 비롯한 청약 경쟁률 분석에 큰 도움이 된다. 청약을 넣기 전부터 답안지를 미리 보는 기분으로 경쟁률이 낮을 법한 타입을 공략해 당첨 확률을 높여보자.

내가 청약하고자 하는 단지를 정했다면 그 지역에서 분양된 다른 단지의 경쟁률과 가점도 미리 파악해야 한다. 일반분양으로 넣을 계획이라면 이후 해당 단지의 특별공급 청약 결과를 발 빠르게 체크해 특정 평형과 타입을 전략적으로 공략해야 하는 것이다. 특별공급의 기타지역 접수 결과는 그 지역의 집값 상승률을 예견해 주는 바로미터이기도 하다. 지금 당장은 미달이어도 프리미엄이 붙는 단지들이 있으니 이 내용은 바로 다음 장에서 다루기로 하겠다.

프리미엄이 붙는 아파트는 정해져 있다

많은 사람이 신축 아파트를 분양받기 위해 청약이라는 경쟁에 뛰어드는 데에는 '분양가'보다 '아파트 시세'가 더 오를 것이라는, 이른바 '프리미엄'에 대한 기대가 있어서다. 그런데 모든 분양 아파트에 프리미엄이 붙지는 않는다. 왜 어떤 곳은 프리미엄이 붙고, 어떤 곳은 붙지 않는 걸까?

신축 아파트의 분양가는 분양 시점 완판을 목적으로 정해진다. 따라서 분양 당시 '현재까지의 호재'만 반영된 값이라고 볼 수 있다. 그런데 분양받은 아파트에 입주하기까지는 공사기간을 포함해 최소 2~3년의 시간이 지나야 한다. 그 시간 동안 아파트의 가치는 변화하기 마련이다. 미래 가치를 품고 있는 곳이라면, 당연히 그만큼의 프리미엄이 붙게 되는 것이다.

특히 택지지구나 재개발 뉴타운 지역은 대부분 분양 당시만 해도 허허벌판이거나 낙후되어 있었다. 실제 신축 아파트가 들어서기 시작할 때의 모습을 상상하기가 어려운 것이다. 이처럼 분양후 2~3년이 지나야 개발 호재가 반영되는 경우가 꽤 많다. 공사를 시작해 고층까지 다 지으면 점등식을 하고, 입주 시점에 사전점검을 하면서 전망을 확인하는 순간이 온다. 이런 절차를 밟다 보면 어느새 프리미엄이 계단식으로 상승하곤 한다.

빈 땅을 보고도 미래를 상상할 수 있어야 한다. 택지지구나 뉴타운 개발은 거의 비슷한 패턴을 보인다. 상가, 학교, 주거 편의시설, 일자리, 공원 등이 이미 들어선 다른 택지지구의 사례를 시기별로 분석해 보는 것도 도움이 될 것이다.

프리미엄을 예측하는 4가지 요건

대체로 어떤 분양단지에 프리미엄이 붙을까? 다음과 같은 점들에 주목해봐야 한다.

• 기존 분양단지의 프리미엄

- 청약 경쟁률

- 청약 계약률

- 랜드마크 아파트

가장 먼저 기존에 분양했던 주변 단지의 프리미엄을 조사해 봐야 한다. 최근의 대구, 구미, 인천처럼 미분양이 쏟아지거나 분양권에 마이너스 프리미엄이 붙은 지역에서는 아무리 새로 분양하는 단지라 할지라도 프리미엄이 붙을 확률은 희박하다.

기존 분양단지의 프리미엄이 적당히 붙은 지역이라면 어떨까? 해당 단지의 청약 경쟁률과 계약률을 살펴야 한다. 청약 경쟁률이 두 자리수로 나왔다면 해당 단지는 '완판'되었을 가능성이 크고, 이런 단지는 수요가 많아 꾸준이 프리미엄이 붙는다. 또한 계약률이 높은 단지, 즉 미계약이 적은 단지 역시 같은 이유에서 프리미엄이 붙을 가능성이 큰 아파트라고 볼 수 있다.

마지막으로 해당 지역 랜드마크 아파트의 시세를 트래킹하다 보면 앞으로 붙을 프리미엄을 예상할 수 있다. 호갱노노에 접속해 검색 필터를 '매매', '500세대 이상', '입주 5년 이내'로 제한해 보자. 왕관을 쓴 그 지역의 랜드마크 아파트를 쉽게 찾을 수 있다.

호갱노노 랜드마크 아파트 찾는 법

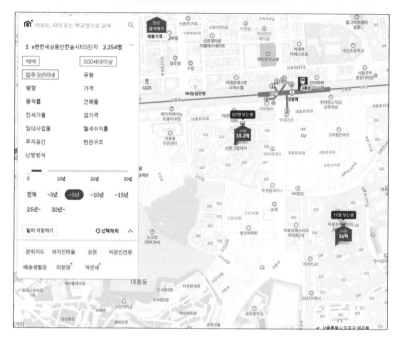

2022년 12월에 분양한 마포더클래시 59형의 분양가는 10억 2200만 원이었다. 고분양가 논란이 있기도 했지만, 가장 최근에 주변에 지어진 마포프레스티지자이, 신촌그랑자이의 동일 평형대 아파트 시세와 비교하면 분양가 자체가 그리 높은 편은 아니었다 (마포더클래시는 무순위 청약을 거쳐 완판됐다).

물론 마포더클래시는 계약과 동시에 입주를 진행해야 했던 후 분양단지였고, 일반분양 물량이 저층에 한정돼 있었기에 조합원 매물만큼의 프리미엄은 붙지 않았다. 여기서 한 가지 시사점은 같은 단지 안에서도 프리미엄이 달라지기도 한다는 사실이다. 몇 층인가, 어떤 평면인가, 전망이 어떠한가, 지하철역과 가까운 동인가, 초등학교가 가까운 동인가, 소음이 심한 동인가 아닌가에 따라 프리미엄 가격이 조금씩 차이가 날 수 있다.

2~3년 후를 상상하라

반대로 '마이너스 프리미엄'이 생기는 경우도 있다. 분양가보다 낮은 가격으로 시세가 떨어지는 것을 말한다. 왜 이런 일이 발생하는가? 주로 주변 입주 물량이 너무 많거나 분양가 대비 입지가 좋지 않은 곳에서 분양권 매도로 이익을 보고자 했던 투자자들이 '손절매'를 하기 때문에 일명 '마피('마이너스 프리미엄'의 준말)'가 생기는 것이다.

분양권을 설명하면서도 다루겠지만, 내가 요즘 가장 많이 받는 질문 중에 하나는 "분양을 받고 가격이 떨어질까 봐 두려워요. 괜찮은 거 맞나요?"라는 말이다. 그래서 집을 살 때는 항상 '이 집을 사려는 수요가 얼마나 되는가'를 염두에 두어야 한다고 강조한다. 사람 심리는 크게 다르지 않아서 내가 살고 싶은 곳에서는 남들도 살고 싶어 하고, 반대로 내가 시큰둥한 곳에서는 남들도 큰 관심을 두지 않기 때문이다.. 사실 실거주를 목적으로 분양받은 아파트를 오랫동안 보유할 계획이라면 프리미엄 자체에 연연하기보다는 새 아파트라는 효용 가치를 누리는 것도 나쁘지 않다. 그래도 분양가 밑으로 가격이 떨어질까 봐 걱정이 된다면 해당지역의 입지 가치와 신축 가치, 미래 가치를 청약하기 전 심사숙고하는 과정이 절대적으로 필요하다. 마이너스 프리미엄이 붙는 단지들은 애초부터 다음과 같이 프리미엄이 붙는 단지들과는 반대의 길로 향하기 때문에 충분히 판단할 수 있다.

변하지 않는 입지 불변의 법칙은 역세권 아파트는 언제나 프리미엄이 붙는다는 것, 그중에서도 수도권은 좀 더 빠르게 서울로 진입할 수 있는 고속열차 역세권이 가장 경쟁력 있다. 현재 주목할 만한 노선은 GTX A·B·C노선, 그리고 월곶~판교선과 신안산선이다. 이처럼 분양단지의 가치가 2~3년 후 어떻게 달라질지 상상해 보는 습관을 들이면서 미래에 역세권이 될 곳을 미리 선점할 수 있어야 한다.

당신이 떨어질 수밖에 없는 3가지 이유

청약을 처음 하는 사람들이 공통적으로 저지르는 실수가 있다. 바로 자신에게 '당첨될 확률이 가장 높은 것'을 고민하지 않고, 줄곧 '자신이 살고 싶은 집', '단점이 하나라도 적은 집'만을 바라본다는 것이다. 그러니 다른 타입은 이미 안중에도 없고 모두의 워너비만 쳐다보게 된다. 그 와중에도 '이걸 선택해, 말아?'라고 또 한참을 고민한다. 결국 모든 선택지를 놓쳐버리게 되는 건 당연한 수순이다. 대체 왜 그러는 걸까?

청약 도전에서 탈락의 쓰라림을 맛본 사람들에게 나타나는 공통적인 특징 세 가지가 있다.

첫째, 자기 자신을 잘 모른다. 청약은 자신의 상황을 객관적으로 아는 데에서부터 출발해야 한다. 그런데 대부분은 자신의 가점이나 자격 기준, 자금 상황이 어떤지는 후순위로 생각하고, 일단 갖고 싶은 아파트를 찾는 데에 더 몰두한다. 내 점수가 어떤지, 현실적으로 어디까지 어떻게 점수를 올릴 수 있는지, 상향·안정 지원해 갈 수 있는 학교가 어디인지를 심사숙고하지 않고 무작정 '나는 SKY 대학에 갈 거야'라고 생각하는 것과 다를 바 없다.

둘째, 남들이 좋다고 하는 것을 따라서 선택한다. 사실 어떤 물건이든 구매할 때 가장 크게 휘둘리게 되는 요인이 '베스트셀러' 인증이다. 옷을 살 때도 유행하는 옷을 사고, 밥을 먹을 때도 '맛집'이라고 검증된 가게를 찾아가며, 음악 한 곡을 골라도 인기 차트 상단에서 고른다. 사람의 심리가 원래 그렇다. 남들이 좋다고 하는 것에 더 끌리는 것이 인지상정이다. 하지만 아파트 청약은 기회가 아주 제한된 상품이다. 내가 정말로 갖기를 원한다면 남들이 좋다고 하는 것을 무작정 따라가서는 곤란하다. 오히려 남들이 관심을 두지 않는 쪽을 선택하는 게 더 유리한데도, 여전히 베스트셀러를 기웃거리며 미련을 버리지 못하는 경우가 대부분이다.

셋째, 아파트는 항상 비싸다고 생각한다. 내가 사람들에게 종종 하는 말이 있다. '분양권은 매직 머니'라는 것이다. 늘 비싸다고 이야기하지만 입주 시점이 되면 그때의 분양가가 결코 비싸지 않았음을 알게 될 것이다. 2016년 6월 래미안개포루체하임이 분양

했을 때도, 사람들은 '일원동 아파트인데 왜 이렇게 비싸냐'라며 그야말로 난리였다. 그런데 '완판'이 됐다. 나는 그때 또 한 번 느꼈다. '서울의 아파트는 앞으로도 계속 오르겠구나'라고. 그리고 실제로 하루가 다르게 가격이 올라 입주 시점에 시세는 분양가 대비 많게는 6억 원 이상 높아졌다. 이런 패턴이 7년이 지난 지금이라고 해서 달라지지는 않았다.

아이러니하게도 분양가가 너무 비싸다고 구설에 오르는 단지일수록 더 높은 프리미엄이 붙는다. 그만큼 사람들의 관심이 집중되기 때문에 수시로 입방아에 오르내리는 것이다. 이목이 쏠린 단지는 결국 오르게 되어 있다.

분양가는 건설사에서 결정한다. 건설사로서는 수익을 올리는 것도 중요하지만, 최우선 과제는 미분양이 없게 하는 것이다. 철저한 조사와 시뮬레이션을 통해 '완판'을 목표로 분양가를 책정한다. 절대 미분양이 날 만큼 분양가를 높게 책정하지 않는다는 뜻이다. 무엇보다도 만약 누구나 탐내는 아파트가 예상보다 훨씬 싸게 나왔다고 하면, 당신에게 청약 당첨의 기회는 더욱더 멀어질 것이다. 통장이 몰리는 단지에 당첨되는 것이야말로 진짜 '로또에 당첨되는 확률'과 가까울 것이니 말이다.

요컨대 아파트 청약은 '당첨'이 중요하다는 말이다. 좋은 아파트를 고르고 또 고르는 것이 아니라, 당첨되기 위해 청약을 하는 것.

그러니 소신 지원보다는 '안전 지원'을 해야 한다. 더불어 '눈치작전'을 잘 써야 한다. 지금부터는 관점을 바꿔서 '어떻게 하면 당첨 확률을 높일 수 있는지'부터 고민한 뒤 전략을 짜보도록 하자. 내가 관심조차 두지 않은 곳에 행운이 숨어 있을지도 모를 테니 말이다.

5장

공공분양의 기회

정부가 적극적으로
밀어주는 곳을 공략하라

무주택 청년들을 위한
윤석열 정부의 시그널

공공분양 청약 물량은 대부분 택지지구나 정비사업(LH가 주관한 공공재개발 등)에서 나온다. 가장 큰 장점은 뭐니 뭐니 해도 분양가가 싸다는 점이고, 특별공급에 할당된 물량도 일반분양보다 많아서 조건만 맞는다면 적극적으로 지원해 보길 권한다. 또한 서울에 공공재개발에서 나오는 공공분양 물량이 많다는 점도 주목할 만하다.

다만 공공분양은 일반분양보다 조건이 까다로운 편이다. 반드시 신경 써야 할 조건은 민간분양과 같이 청약 신청이 가능한 지역에 거주하는지 여부다. 인근지역 거주자까지만 지원 자격이 주어지기 때문에 서울에서 청약을 노린다면 서울, 경기, 인천에 거주하고 있어야 한다.

공공분양은 무주택세대 구성원만이 신청할 수 있다는 점도 꼭 기억해 두자. 소형 저가 주택도 예외 없이 주택으로 인정되기 때문에, 공공분양에 지원한다면 자신의 세대 구성원 전원이 '주택'의 '주'자와도 연관되어 있어서는 안 된다(다만 만 60세 이상 부모의 집에서 거주하는 무주택세대 구성원은 부모의 주택이 보유 주택수에 포함되지 않는다는 것을 기억하자. 부모의 소득은 자산에 합산된다).

공공분양에 지원할 수 있는 청약통장으로는 청약저축과 주택청약종합저축이 있다. 바꿔 말해 청약예금과 청약부금으로는 공공주택에 청약을 넣을 수 없다. 특히 $60m^2$ 이하 공공주택에 특별공급으로 지원할 때는 소득 조건이 까다로운데, 전년도 도시근로자 월평균 소득 100% 이하를 충족시켜야 한다.

그렇다면 공공분양 1순위 조건은 어떻게 될까?

공공분양 1순위 조건

규제지역	청약통장에 24개월 24회 납부한 자
비규제지역	청약통장에 12개월 12회 납부한 자

2023년 현재 규제지역은 서울 강남구, 서초구, 송파구, 용산구 총 4곳뿐이므로 대부분 청약통장을 12개월 12회 납부하면 1순위 자격이 주어진다. 하지만 중요한 조건이 하나 더 있다. '무주택 3년 이상인 자를 우선으로 한다(미혼인 경우 만 33세 이상)'는 조건이다. 공공분양에 당첨되기 위해 소유했던 집을 팔고 바로 청약에 지원하는 것을 막고자 3년 동안은 무주택 상태를 유지해야 한다는 조건이다.

다소 엄격한 조건으로 보이지만, 이를 역으로 활용하면 기존 1주택자도 보유하던 주택을 팔고 3년 뒤 3기 신도시 공공주택에 청약을 노려 당첨되는 케이스가 나올 수 있다는 이야기다. 민간분양에서는 15년 이상을 무주택으로 지내야 최고 가점을 받을 수 있는데, 공공분양에서는 무주택기간을 3년만 유지해도 최고 가점을 받을 수 있다는 점이 큰 메리트로 작용한다. 집이 있어도 청약통장을 해지하면 안 되는 이유가 바로 여기에 있다.

무주택 기간이 3년 이상인 지원자가 다수일 때는 청약통장 납입 인정금액 순으로 당첨자가 가려지게 된다.

공공주택 50만 호 계획이란?

사실 공공분양의 최고 스펙을 만들기까지는 쉽지 않은 여정이다. 하지만 정부에서 작정하고 밀어주는 상품이기에 돈이 없을수록 관심을 크게 가져볼 만하다. 공공분양의 종류에는 '나눔형 공공분양', '선택형 공공분양', '일반형 공공분양' 총 세 가지가 있다. 자신이 선호하는 유형에 따라 각각 어떤 장단점이 있는지 신중하게 따져보고 적절한 유형을 골라 청약을 신청하자.

나눔형 공공분양

나눔형이라는 건 시세 차익을 정부와 나눈다는 이야기다. 분양가 역시 정부와 함께 부담하는데, 분양가는 주변 아파트 시세의 70%로 책정된다. 만약 주변 아파트 시세가 5억 원이라면 나눔형 공공분양 아파트의 분양가는 3억 5000만 원이 되는 것이다. 5년의 거주의무 기간을 지키면 이후에는 매도가 가능한데, 이때 시세 차익의 70%를 개인이 회수할 수 있다. 즉, 3억 5000만 원에 분양받은 아파트가 5년 뒤 주변 시세와 키 맞추기를 하여 6억 5000만 원에 거래되었다면, 매도자는 시세 차익인 3억 원의 30%(9000만 원)는 나라에 헌납하고, 나머지 시세 차익의 70%(2억 1000만 원)만 가져갈 수 있는 셈이다(비과세일 때에 한함).

공공주택 50만 호 공급 방안(출처: 국토교통부)

구분	나눔형(25만 호)	선택형(10만 호)	일반형(15만 호)
특징	- 시세 70% 이하 분양 - 거주의무 5년 - 공공에 주택 환매 시 처분 손익의 70%를 수분양자에게 귀속 - 공급 비율: 청년 15%, 신혼부부 40%, 생애최초 35%, 일반공급 20%	- 저렴한 임대료로 6년 임대 거주 후 분양 여부 선택 - 공급 비율: 청년 15%, 신혼부부 25%, 생애최초 20%, 다자녀 10%, 노부모 5%, 일반 10%	- 시세 80% 수준 분양 - 기존 청약제도 개편 - 공급 비율: 신혼부부 20%, 생애최초 20%, 일반공급 30% (순차 80%, 추첨 20%)
청년	19~39세 미혼, 주택 소유 이력 ×, 월평균 소득 140%(450만 원), 순자산 2억 6000만 원 이하		
	5년 이상 근로자 우선공급(30%)		
신혼부부	혼인 7년 이내 또는 6세 이하 자녀, 예비 신혼부부, 한부모가족(6세 이하 자녀), 월평균 소득 130%(맞벌이 140%), 순자산 3억 4000만 원 이하		
	혼인 2년 이내, 2세 이하 자녀, 한부모가족(2세 이하) 우선공급(30%)		
생애최초	주택 소유 이력 ×, 혼인 중 또는 미혼자녀, 근로자 또는 자영업자 소득세 5개년 납부, 월평균 소득 130%, 순자산 3억 4000만 원 이하		
다자녀		3명 이상 미성년 자녀(태아 포함), 월평균 소득 120%	
노부모		65세 이상의 직계존속 3년 이상 부양, 월평균 소득 120%(2인 130%)	
일반공급	월평균 소득 100%, 추첨제 20% 도입	월평균 소득 100% (1인 120%. 2인 110%), 추첨제 20% 도입	60㎡ 이하 주택 월평균 소득 100%, 추첨제 20% 도입

중도금 대출 등 대출을 받아야 할 때는 특별히 저금리를 이용할 수 있다는 장점도 크다.

선택형 공공분양

선택형 공공분양은 임대로 6년간 거주하면서 살아보다가 훗날 분양 여부를 선택할 수 있는 제도다. 경기도 판교와 광교, 위례신도시 이후에는 대형 평형에서 선택형 공공분양을 찾기 어려웠으나, 최근 서울시 등에서 선택형 공공분양을 늘린다는 추세다.

일반형 공공분양

우리가 본래 알고 있던 국민주택의 공공분양을 뜻한다. 시세의 80% 수준으로 저렴한 가격에 분양가를 책정하고, 소유권을 바로 가져올 수 있다는 장점이 있다. 다만 그만큼 경쟁률이 치열하다. 특히 서울에서 일반형 공공분양에 당첨되려면 청약통장에 매달 10만 원씩 30년 동안 부어야만 당첨을 기대할 수 있었다. 하지만 최근 일반공급에도 최초로 추첨제 비중이 생기면서 납입인정금액이 적은 청년들도 공공분양 청약 당첨을 기대할 수 있게 됐다.

한편 그동안 공공분양에서 다자녀 특별공급은 미성년 자녀가 세 명 이상인 세대에서만 지원이 가능했다. 하지만 앞으로는 다자녀의 허들이 세 명에서 두 명으로 낮아질 전망이다. 즉, 한 번도 집을 소유하지 않은 결혼 7년 이하 신혼부부가 미성년 자녀 두 명을 두고 있다면, 생애최초 특별공급과 신혼부부 특별공급에 이어 다자녀 특별공급이라는 선택지를 하나 더 얻게 되는 셈이다(단, 2023년 4월 현재 법 개정 전이다).

정부가 바뀔 때마다 분양시장에는 항상 핵심 키워드가 등장한다. 이명박 정부 때는 '보금자리지구', 박근혜 정부 때는 '뉴스테이'와 '행복주택', 문재인 정부 때는 '신혼희망타운'이 그것이었다.

공공분양 사전청약 예정 물량(출처: 사전청약)

이번 윤석열 정부에서는 '공공분양 50만 호'가 핵심 키워드다. 그러므로 지금 무주택 세대 구성원이라면, 특히 만 39세 이하 청년이라면 정부에서 밀어주는 나눔형, 선택형, 일반형 공공분양에 주목해야 한다.

공공분양의 꽃밭! 3기 신도시

2018년 12월, 사람들의 뜨거운 관심 속에 3기 신도시가 공개됐다. 정부는 서울 도심과 교통 접근성을 최우선으로 고려해 서울 경계로부터 20km 이내인 지역을 중심으로 3기 신도시를 발표했다. '남양주시 왕숙', '하남시 교산', '과천시', '인천광역시 계양', '고양시 창릉', '부천시 대장', '안산시 장상', '광명 시흥신도시' 모두 GTX 등 광역교통망을 주축으로 도심까지 30분 이내로 출퇴근할 수 있는 지역이다.

사전청약을 앞둔 지금까지도 3기 신도시는 그 실현 가능성을 두고 설왕설래가 오가고 있지만, 최근 몇몇 지역을 제외하면 토지보상이 거의 마무리 단계라고 한다. 앞으로 10년, 대한민국 분양

수도권 주요 신도시 현황

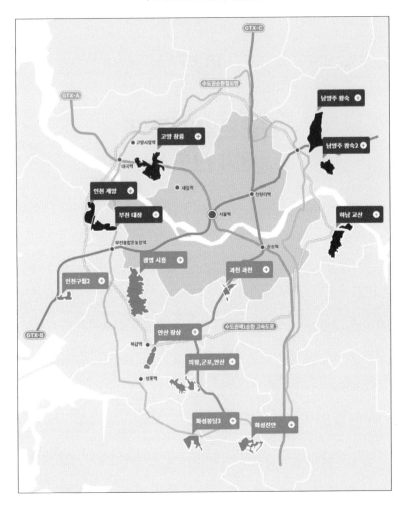

시장의 핵심 키워드가 될 3기 신도시. 대규모 택지지구로서 공공

분양의 꽃밭이 될 이곳을 미래교통망을 중심으로 살펴보자.

남양주시 왕숙

남양주 왕숙 입지

경기도 남양주시에 구축되는 1134만㎡ 면적의 신도시로, 3기 신도시 중 가장 규모가 크다. 8호선(별내선)과 4호선(진접선), 경의중앙선, 9호선(강동~하남~남양주간도시철도)이 연장되고 GTX B노선 역사가 들어설 계획이다. 신설 GTX역을 중심으로 기업 유치를 위한 자족시설용지가 조성되는데, 그 규모는 판교 제1테크노밸리 면적의 두 배 이상이 될 계획이다.

하남시 교산

하남 교산 입지

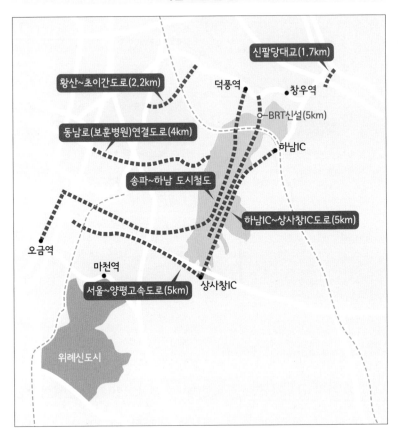

경기도 하남시 교산동에 649만㎡ 면적으로 지정된 지구다. 3기 신도시 가운데 서울 강남과 가장 가까운 최강의 입지를 자랑한다. 3호선(송파~하남간 도시철도) 연장과 서울~양평고속도로 선시공, 도서연결도로 신설, 하남IC~상사창IC 도로 신설, 선동IC 완전 입체

화, 올림픽대로 확장, 신팔당대교 개선 등 여러 광역 교통책이 언급됐다. 또한 첨단지식산업 및 융복합산업 육성을 위해 연구개발단지를 조성하고, 스타트업지원센터 등 공공지원시설로 벤처기업 육성을 지원한다는 계획도 담고 있다. 여기에 '메디컬·헬스·뷰티' 서비스의 산업 유치도 계획되어 있다. 도시철도가 하남 감일지구를 관통하여 어부지리로 감일지구도 반기는 상황이다. 단, 분양가는 3기 신도시 중 가장 비싸게 책정될 것으로 예상된다.

인천 계양

인천 계양 입지

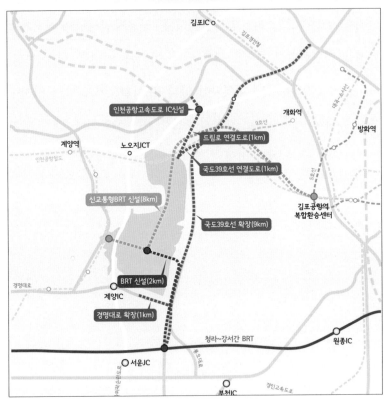

인천광역시 계양구 귤현, 동양, 박촌, 병방동 일원에 335만m^2 규모로 형성되는 테크노밸리 지구다. 3기 신도시 가운데 가장 빠른 입주를 목표로 하고 있다. 2026년까지 LH와 인천도시공사가 가용용지의 절반가량인 자족용지를 확보해 정보통신 및 디지털콘텐츠 첨단사업 생태계를 조성할 계획으로, 10만 개의 일자리 창출

도 기대된다. 서울 서남부권과의 접근성을 높이기 위해 박촌역~
김포공항역 S-BRT 신설, GTX D 노선 정차, 공항고속도로 전용
IC 신설 등 다양한 교통 대책이 마련할 예정이다. 이를 통해 김포
공항 6분, 여의도 15분, 신논현역 40분 내에 접근이 가능하도록 검
토되고 있다. 주택사업에 미치는 영향을 최소화하기 위해 기업 입
주 시기는 앞당기고, 주택공급은 2021년 이후로 늦추는 등 자족용
지와 주거용지를 연동해 공급하겠다는 방침이다. 주택공급 규모
는 종사자 수의 5분의 1 수준인 1만 7000호로 계획되어, 3기 신도
시 중 일반분양 물량이 가장 많을 것으로 보인다.

고양시 창릉

고양 창릉 입지

경기도 고양 창릉동 일대 813만㎡ 부지에 3만 8000세대가 들어서는 공공주택지구다. GTX 노선들 가운데 가장 빠른 진척도를 보이는 GTX A 노선이 지나, 입주와 동시에 이를 이용할 수 있을 것으로 보인다. 더불어 지하철 6호선 새절역과 고양시청 구간에 고양선을 신설하고, 통일로~중앙로를 BRT로 연결할 계획이다. 이로써 대중교통의 접근성이 높아져 서울 여의도와 강남, 용산 등 주요 업무 지역까지 25~30분이면 닿게 될 전망이다. 창릉지구에

는 기업지원허브, 기업성장지원센터를 건설해 기업 유치를 도모
할 예정이며, 330만m^2 규모의 공원과 복합문화센터 등이 조성될
계획이다.

경기도 과천

과천 신도시 입지

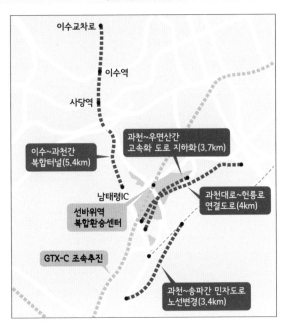

이수교차로
이수역
사당역

이수~과천간
복합터널(5.4km)

과천~우면산간
고속화 도로 지하화(3.7km)

남태령IC

선바위역
복합환승센터

과천대로~헌릉로
연결도로(4km)

GTX-C 조속추진

과천~송파간 민자도로
노선변경(3.4km)

경기도 과천시 과천동 일대에 155만㎡, 7100세대 규모의 공공주택지구 단지가 조성된다. 가용면적 47%를 자족용지(약 36만㎡, 주거용지의 92%)로 계획하고 있다. 자족시설로는 정보통신기술, 인공지능, 빅데이터, IoT 등을 기반으로 한 첨단지식산업센터와 의료바이오단지, 글로벌창업연구센터, 대학 등 교육연구시설과 함께 기존 문화관광시설이 들어설 예정이다. 주요 교통 대책으로는 GTX C노선 조속 추진, 위례과천선 연장(정부과천청사역) 과천~우면산간

도로 지하화, 과천대로~헌릉로 연결도로 신설, 과천~송파 간 민자도로 확장, 선바위역 복합환승센터 설치, 이수~과천 간 복합터널 추진 지원 등이 있다. 신도시라고 불리기에는 세대수가 가장 적지만, 교통 호재가 가장 두드러지는 곳이기도 하다.

부천시 대장

부천 대장 입지

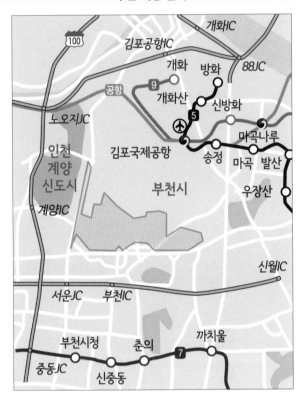

부천시 대장동 일대에는 343만㎡ 부지에 2만 세대 규모의 공공
주택지구가 들어선다. 교통의 편의성을 위해 지하철 5·9호선 김
포공항역과 7호선 부천종합운동장역을 잇는 S-BRT를 신설하며,
GTX D노선도 착공 예정이다. 부천종합운동장역에는 복합환승센
터를 설치할 계획이다. 자동차를 이용한 접근성도 높일 예정인데,

경명대로를 신설해 계양 나들목부터 광명~서울 고속도로를 연결한다는 계획이다. 내부에는 기업지원허브, 창업주택 등을 건설해 스타트업을 육성하고 지능형로봇, 첨단소재, 항공 등 신사업 또한 집중 유치할 방침이다. 편의시설로는 4개의 테마공원과 공원 내 복합문화센터가 들어설 전망이다.

안산시 장상

안산 장상 입지

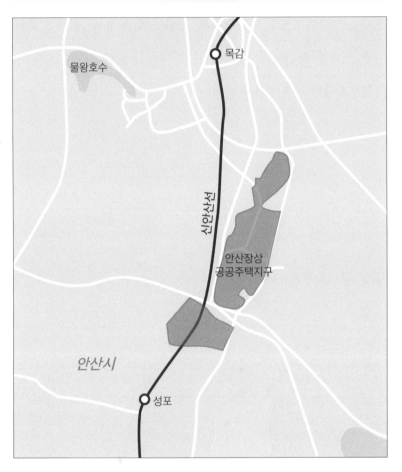

여의도와 구로 등 서울의 굵직한 일자리를 끼고 지나는 신안산
선 역사가 생길 신도시다. 안산 상록구 장상동, 장하동, 수암동, 부
곡동, 양상동 일대에 1만 4000호 규모로 들어설 예정이다.

광명시흥신도시

광명시흥신도시 입지

북쪽으로는 광명 재개발 구역, 동쪽으로는 광명 하안동, 남쪽으로는 신안산선까지 맞닿아 있는 대규모 택지지구다. 1271만m^2로 압도적인 면적을 자랑한다. 3기 신도시 가운데 가장 늦게 지정됐으며, 신도시의 모습 역시 가장 나중에 완성될 것으로 보인다.

6장

최종 점검

모르면 평생 후회!
청약 전 반드시 확인해야 할 것들

두 번 당첨은
안 된다고요?

A씨는 몇 년 전 선배로부터 황당한 이야기를 들었다. 신길뉴타운에서 분양한 아파트 청약에 당첨돼 입주를 기다리고 있었는데 계약이 취소되었다는 통지를 받은 것이다. 대체 어떻게 된 일이었을까?

이유는 청약 1순위 자격을 충족하지 못한 '부적격 당첨자'라는 사실이 뒤늦게 드러났기 때문이다. 알고 보니 선배는 서울이 투기과열지구였던 시절 재개발·재건축 사업 조합원으로 이미 분양 신청을 한 번 한 적이 있었다. 조합원 분양 신청은 곧 당첨으로 간주돼 '과거 5년 동안 주택에 당첨된 적 있는 세대'가 되었고, 1순위 청약이 불가능했던 것이다. 그런데 이런 사실을 모르고 청약에 넣었다가 당첨 취소를 겪고 말았다. 청약을 준비하며 이 소식을 듣던 A씨는 덜컥 겁이 났다. '나에게도 이런 황당한 일이 벌어지는 것은 아닐까?'

'재당첨제한'이란?

우선 청약 제도의 취지부터 생각해 보자. 주택이 꼭 필요한 사람들에게 주택이 우선적으로 공급될 수 있도록 공정하게 기회를 주고자 만든 제도가 청약이다. 이 때문에 다양한 장치를 활용해 특정한 이들에게 더 많은 기회를 주기도 하고, 때로는 그 기회를 제한하기도 한다. '재당첨제한' 역시 그 일환으로 마련된 제도다.

재당첨제한은 '주택공급에 관한 규칙 제54조'에 따라 주택 청약에 이미 당첨된 경우, 본인과 동일한 세대 구성원에게 일정 기간 청약 당첨에 제한을 두어 아직 당첨되지 않은 사람들에게 기회를 주고자 하는 제도다. 다음 표를 통해 재당첨제한에 해당하는 경우와 그 기간을 확인해 보자.

주택에 당첨되었을 때 발생하는 재당첨제한 기간

당첨된 주택의 구분	적용 기간(당첨일로부터)		
- 투기과열지구에서 　공급되는 주택 - 분양가상한제 적용주택	10년간		
- 청약과열지역에서 　공급되는 주택	7년간		
- 토지임대주택 - 투기과열지구 내 정비조합	5년간		
- 이전기관종사자 특별공급 　주택 - 분양전환공공임대주택 - 기타당첨자	과밀억제권역	85㎡ 이하	5년
		85㎡ 초과	3년
	그 외	85㎡ 이하	3년
		85㎡ 초과	1년

- 두 가지 이상 제한 기간에 해당하는 경우 그중 가장 긴 제한 기간을 적용함

　표를 보면서 짐작할 수 있겠지만, 비규제지역에서 나오는 청약 물량은 재당첨제한 대상이 아니다. 즉, 2023년 4월 현재 투기과 열지구인 서울 강남구, 서초구, 송파구, 용산구를 제외하면 기존 에 한 번 청약에 당첨됐던 사람도 다른 단지에 분양을 넣어 또 당 첨될 수 있다는 말이다. 자신의 상황은 청약홈(www.applyhome.co.kr) '청약 자격 확인'에서 점검할 수 있으며, 분양단지별로보다 자세 한 내용은 입주자 모집공고를 통해 확인할 수 있다.

'전매제한' 기간은
얼마나 될까?

앞서 입주자 모집공고를 보면서 분양권 '전매제한 기간'을 꼭 확인하라고 일러두었다. 그렇다면 '분양권 전매'란 무엇일까? 아파트에 청약을 넣어 당첨되고 계약까지 마치면 '분양권'을 가진 상태가 된다. 아파트가 완공되었을 때 입주할 수 있는 권리를 분양권이라고 하는 것이다. 그런데 계약을 하고 입주하기 전까지 보통 2~3년의 공사기간이 필요하다. 그러니까 계약을 하고 난 후 입주하기 전까지, 그 틈새 기간에 분양권을 타인에게 파는 것을 '분양권 전매'라고 한다.

전매는 왜 제한하는 걸까?

'전매제한'이란 분양권 전매를 투기 수단으로 생각하고 너도나도 분양시장에 뛰어드는 과열 현상을 막기 위해 정부가 정한 '일정 기간' 동안 분양권을 타인에게 판매할 수 없도록 법으로 금지하는 조치다.

전매제한 기간의 기준일은 해당 주택의 입주자로 당첨된 날로부터 산정한다. 예를 들어 당첨자 발표일이 2023년 4월 2일이고 전매제한 기간이 1년인 경우에는 2023년 4월 2일부터 2024년 4월 1일까지가 전매제한 기간에 해당한다.

2023년에는 전매제한 기준이 대폭 완화되면서 서울도 5년 만에 분양권 시장이 열렸다. 이로써 올림픽파크포레온, 장위자이레디언트, 철산자이더헤리티지 등 비규제지역 수도권 과밀억제권역의 경우 청약 당첨자발표일 이후 1년이 지난 시점부터 분양권을 매매할 수 있게 되었다. 한편, 비규제 수도권 비과밀억제지역에서는 6개월 동안만 전매가 제한되며, 지방은 계약 후 즉시 전매가 가능하다. 규제지역과 공공택지의 경우에는 소유권이전등기일 전까지 분양권을 전매할 수 없다.

수도권·비수도권 전매제한 기간

수도권	공공택지 또는 규제지역	과밀억제권역	기타
	3년	1년	6개월
비수도권	공공택지 또는 규제지역	광역시(도시지역)	기타
	1년	6개월	없음

수도권 내 과밀억제권역

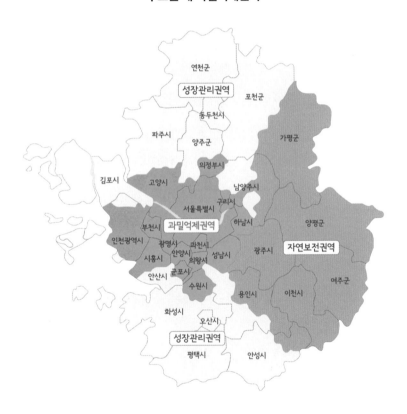

2023년 4월부터 완화된 전매제한 제도가 소급적용 되는데, 전매제한에 관한 분양 단지별 상세한 내용은 입주자 모집공고문에 빠짐 없이 수록돼 있다. 아무리 규제가 풀렸다고 해도 청약 신청 전 입주자 모집공고문을 꼼꼼히 살피며 꺼진 불도 다시 본다는 심정으로 전매제한만큼은 반드시 짚고 넘어가야 한다.

대출과 세금,
돌다리도 두드리며 건너자

바라고 또 바라던 아파트에 당첨이 돼도 고민은 끝나지 않는다. 아마 가장 큰 고민은 역시나 '돈 문제'일 것이다. 바늘구멍을 뚫어서 당첨이 되었는데도 대출이 힘들다는 소리를 들으면 얼마나 허무할까? 자금과 대출 이슈를 더욱 꼼꼼히 알아봐야 하는 이유다.

2장에서 청약의 기초를 살펴보면서 청약에 당첨되면 대략 얼마만큼의 자금이 언제 필요한지(계약금·중도금·잔금) 짚어본 바 있다. 여기에서는 한 발짝 더 들어가 '대출'에 관해 챙겨야 할 사항들을 꼼꼼하게 따져보겠다.

우선 계약금은 대출이 불가능하다. 즉, 최초 계약금 정도는 스스로 납부할 수 있어야 청약도 가능하다는 이야기다. 그다음으로 중도금 대출은 대출이 실행되는 시점(1회 차 납부일)으로부터 대략 한 달 전쯤에 해당 은행의 승인을 받아야 한다. 통상적으로 이를 '자서'라고 표현한다. 이때 대출 신청자의 신용등급과 소득을 확인한다. 소득이 많더라도 신용등급이 나쁘면 대출이 제한될 수 있으니 자서 한 달 전부터는 신용등급 관리를 해두는 편이 좋다.

또 하나 미리 알아둬야 할 사항이 있다. HUG에서 보증하는 '중도금 대출의 한도'를 파악하는 일이다. 규제가 완화된 2023년 4월 현재, 중도금 대출은 분양가에 상관없이 분양가의 최대 60%(투기과열지구 50%)까지 받을 수 있다. 대출 허용 건수는 조정대상지역에서 세대당 한 건, 비조정대상지역에서 세대당 두 건까지 가능하다. 조정대상지역에서 한 건을 사용한 뒤에 비조정대상지역에서 한 건을 더 받는 것은 가능하나, 비조정대상지역에서 한 건을 사용한 후 조정대상지역에서 추가로 한 건을 더 받는 것은 불가능하다(기존 중도금 대출을 모두 상환하면 가능하다).

다만 지역에 따라 혹은 개인에 따라 대출 가능 금액은 달라질 수 있으니 LTV와 DTI, DSR 비율에 대해서도 잘 알아두자.

나는 얼마까지 대출받을 수 있을까?

자신의 대출 가능 금액을 계산하기 전에 지역별, 개인별로 달라지는 대출 비율을 알아야 한다. .

LTV(Loan To Value ratio): 주택담보인정비율

주택을 담보로 빌릴 수 있는 대출 가능 한도를 의미한다. 지역별·유형별 LTV 비율은 다음과 같다.

LTV 비율(2023년 4월 기준)

	규제지역	비규제지역
무주택자	50%	70~80%
1주택자	처분 조건 50%	60%
다주택자	30%	60%

만약 주택담보인정비율(LTV)이 50%면, 분양가 7억 원의 주택을 담보로 중도금 대출을 받을 때 최대 3억 5000만 원까지 빌릴 수 있다. 나머지 3억 5000만 원은 따로 보유하고 있어야 입주할 수 있다는 뜻이다(취득세, 옵션비, 중도금 이자는 별도다).

DTI(Debt To Income): 총부채상환비율

상환 능력을 소득으로 따져 대출 한도를 정한 것으로, 총소득에서 부채의 연간 원리금 상환액이 차지하는 비율을 말한다. 금융기관에서 대출 금액을 산정할 때 대출자의 상환 능력을 검증하기 위해 활용하는 개인신용평가시스템이라고 보면 된다. 만약 연 소득이 5000만 원이고 DTI가 40% 적용된다면, 연간 원리금(원금+이자) 상환액은 2000만 원이 넘지 않아야 한다. 2000만 원이 넘으면 대출이 되지 않을 수 있다는 얘기다.

DSR(Debt Service Ratio): 총부채원리금상환비율

대출자가 빌린 '모든 대출의 원리금(원금+이자)'을 합한 뒤 이를 대출자의 연소득으로 나눈 '비율'이다. 주택담보대출, 신용대출 등 가계대출 총액이 1억 원을 넘으면 지역에 상관없이 'DSR 40%(제2금융권 50%)' 규제가 적용된다. 다행히 중도금 대출은 DSR 규제 적용 대상이 아니지만, 입주 시점에 잔금 대출로 전환한다면 DSR 40%를 만족시켜야 한다. 포털사이트 검색창에 'DSR 계산기'를 입력하면 다양한 사이트에서 자신의 DSR 한도를 계산해 볼 수 있다.

중도금 대출 이자와 이자후불제

중도금 대출 시 이자는 무이자인지 혹은 후불제인지도 확인해야 한다. 부동산 경기가 침체되어 있거나 미분양이 잦을 때는 중도금 대출이 무이자이기도 하고, 최근에는 매달 이자를 납부하는 형태도 등장했다.

무이자 중도금 대출은 말 그대로 이자를 내지 않아도 되는 조건(건설사가 대신 납부)으로 중도금 대출을 받을 수 있다는 뜻이다. 반면 이자후불제는 매달 발생하는 중도금 대출의 이자를 잔금 지급 시점에 한꺼번에 납부하는 것이다. 이자후불제라면 잔금 지급 때 치러야 할 이자 비용도 미리 계산해 둬야 하며, 입주 전 분양권을 매도할 생각이라면 이자 비용 및 처리 방법에 관해 매수자와 상호 협의가 필요하다.

한편 규제가 완화되면서 중도금 대출에 적용되던 분양가 기준이 폐지되었다. 이제는 분양가가 12억 원이 넘는 단지에도 중도금 대출을 받을 수 있게 됐다는 의미다. 일반적으로 분양가가 높은 강남 입성을 노리는 이들에게는 희소식이 아닐 수 없다.

잔금 대출 잘 받는 방법

사전점검 시기나 입주 때가 다가오면 여러 지정 은행에서 잔금 대출 상품을 제시한다. 이는 중도금 대출의 미상환액까지 포함한 대출로, 금리와 거치상품(일정 기간 원금은 갚지 않고 이자만 납부하는 방식) 여부만큼이나 개인별로 LTV, DTI, DSR이 맞는지도 중요하다. KB국민은행에서 'KB시세'를 낸 경우 이를 기준으로 하며, KB시세가 없을 땐 은행에서 자체 감정해 대출 승인 금액을 알려준다.

잔금 대출 후 매달 갚아야 할 원리금 상환액 계산해보기

만약 입주를 하게 돼 3%의 이자로 2억 6000만 원을 잔금 대출 받았다고 가정해 보자. 상환 기간을 30년으로 설정했다면 한 달에 내야 할 원리금 상환액은 얼마일까? 네이버 검색창에 '대출계산기'를 입력하면 간편한 이자계산기가 나온다. 대출 금액과 대출 기간, 연 이자율, 상환 방법을 설정하면 한 달에 내야 할 상환액을 알 수 있다. 위의 경우에는 1회 차 상환금액으로 109만 6170원이 계산된다(1년 거치 시 원금은 1년 뒤부터 납부).

상환 방법 중 '원리금균등'이란 만기일까지의 원금과 이자총액을 합산하여 대출 기간에 매달 일정한 금액으로 나누어 상환하는 방식이다. '원금균등'은 매달 원금은 균등하게 납부하지만, 갚아나갈수록 원금이 줄어드는 만큼 이에 따른 이자 역시 점차 줄어드는 방식이다. '만기일시'는 대출 기간에는 이자만 부담하다가 만기일에 대출금을 일시 상환하는 방식이다.

네이버 대출이자계산기 사용 예시

이자 계산기

적금　예금　**대출**　중도상환수수료

대출금액 　　　　　　　260,000,000 원

2억 6,000만원

대출기간　[년]　개월　　30 년　　연이자율　　3 %

상환방법　[원리금균등]　원금균등　만기일시

대출원금　　　　　　　**260,000,000** 원
총대출이자　　　　　　**134,621,376** 원
총상환금액　　　　　　**394,621,376** 원

1회차 상환금액　　　　　　**1,096,170** 원

월별 더보기 >

↻ 초기화

ⓘ 대부업체 법정 최고금리는 연 24% 입니다.
월단위로 계산된 이자이기 때문에 일단위로 계산되는 금융기관의 대출이자와는 차이가 있습니다.

내야 할 세금도 확인해 보자

이번에는 세금과 관련한 사항을 정리해 보자. 우선 아파트를 분양받으면 자산의 소유권을 갖게 될 때 부과되는 세금, 즉 '취득세'를 내야 한다. 예전에는 취득세와 등록세를 합쳐서 '취등록세'라고 했는데 지금은 취득세로 통칭한다.

취득세

취득세는 '취득가액×취득세율'로 계산한다.

취득가액=분양가+확장비+옵션비+(분양권 매수 시) 프리미엄

청약 당첨 시 주택수에 따라 취득세가 결정되며, 조정대상지역이었던 물건이 잔금 당시 비조정대상지역이 되면 세금 요율이 달라진다. 분양권 또한 취득 당시 주택수를 적용받는다. 앞으로 정부가 발표한 취득세 완화안이 국회를 통과하면 세율은 다음과 같

지역별·주택별 취득세 적용 비율

구분	1주택	2주택	3주택	4주택 이상/법인
조정대상지역	1~3%	8%	12%	12%
비조정대상지역		1~3%	8%	12%

구분	1주택	2주택	3주택	4주택 이상/법인
조정대상지역	1~3%	1~3%	6%	6%
비조정대상지역		1~3%	4%	6%

이 조정될 것으로 보인다.

취득세는 입주 후 60일 이내에 납부해야 하며, 기한 내에 납부하지 않으면 취득세의 20%를 가산세로 내야 한다. 하루마다 0.03%의 자연가산세가 부과되니 늦지 않게 납부한다.

양도소득세

양도소득세는 매도 시 양도차익에 대해 부과하는 세금이다. 세율은 지역과 주택 보유기간, 양도차익 금액에 따라 달라진다. 양도소득세 기본세율과 다주택자 중과세 세율은 국세청(www.nts.go.kr) 홈페이지에서 자세히 확인할 수 있으며, 비과세 요건은 다음과 같다.

양도소득세 비과세 요건(출처: 국세청)

비과세되는 경우	- 1세대가 양도일 현재 국내에 1주택을 보유하고 있는 경우로서 2년 이상 보유한 경우에는 양도소득세가 과세되지 않음 - 양도 당시 실지거래가액이 12억원 초과하는 고가주택은 제외 - 2017년 8월 3일 이후 취득 당시 조정대상지역에 있는 주택은 거주기간이 2년 이상이어야 함 - 주택에 딸린 토지가 도시지역 안에 있으면 주택정착 면적의 5배(수도권 내 주거·상업·공업지역은 3배)까지, 도시지역 밖에 있으면 10배까지를 양도소득세가 과세되지 않는 1세대 1주택의 범위로 봄

분양 및 주택·입주권 단기 양도세율 개선안

구분	현행	개선
분양권	1년 미만 70%	1년 미만 45%
	1년 이상 60%	1년 이상 → 폐지
주택·입주권	1년 미만 70%	1년 미만 45%
	1~2년 60%	1년 이상 → 폐지

분양권 또한 1년 이내 양도하면 세율 45%를, 1년 이상 보유하면 기본세율을 적용받는 방향으로 개선안이 발표되었다. 2021년 1월 1일 이후 취득한 분양권부터는 비과세 여부를 판단할 때도 주택 수에 포함된다는 점을 기억해두자.

서울·경기도 분양 예정 단지
& 서울 분양권 전매 가능 단지

미래의 청약 단지를 점찍어 보고, 전매 가능한 분양권을 발 빠르게 살펴볼 시간이다. 지역마다 물량이 많은 곳이 있고, 그렇지 못한 곳도 있다. 리스트를 보며 해당 위치에 어떤 멋진 아파트가 세워질지 상상해보자!

(총세대수 및 입주시기 등은 2023년 4월 기준으로 향후 변경될 수 있음.)

서울 분양 예정 단지

지도 출처: 구글

서울 분양 예정 단지

위치	사업명	총세대수 (일반분양)
강남구 도곡동 540	래미안레벤투스	308(133)
강남구 청담동 134-18	청담르엘	1261(176)
강남구 대치동 1012-56	디에이치대치에델루이(구마을3지구)	282(79)
서초구 방배동 946-8	디에이치방배	3080(1686)
서초구 방배동 891-3	방배7구역	276
서초구 방배동 818-14	레미안원페를라	1097(497)
서초구 방배동 1018-1	아크로리츠카운티	721(166)
서초구 반포동 12	래미안원펜타스(신반포15차재건축)	641(292)
서초구 반포동 1109	프레스티지바이래미안	2091(537)
서초구 반포동 810	반포디에이치클래스트	5002
서초구 잠원동 60-3	메이플자이	3307(236)
서초구 잠원동 86	신반포22차재건축	160(28)
서초구 잠원동 59-10	신반포21차재건축	275(108)
서초구 서초동 1333	아크로드서초	1340(236)
송파구 문정동 136	힐스테이트e편한세상문정	1265(296)
송파구 신천동 20-4	잠실래미안아이파크	2678(578)
송파구 신천동 17-6	잠실르엘	1910(241)
용산구 한강로3가 65-584	용산아세아	969(819)
강동구 둔촌동 30-4	둔촌현대1차리모델링(더샵)	572(74)

위치	사업명	총세대수 (일반분양)
강동구 천호동 410-100	천호4구역	670(174)
강동구 천호동 423-76	천호3재정비촉진구역	535(310)
강동구 성내동 15	성내5구역	408(324)
강서구 등촌동 366-24	등촌1구역힐스테이트	543(269)
강서구 방화동 608-97	강서센트럴아이파크	557
관악구 봉천동 1736-54	봉천제4-1-2구역힐스테이트	997(112)
관악구 신림동 316-55	신림3구역재개발(대우)	571(185)
구로구 개봉동 68-64	개봉5주택재건축	317(190)
구로구 개봉동 369-1	개봉해피트리앤루브루	295(115)
금천구 시흥동 220-2	시흥현대아파트재건축	219
구로구 고척동 148-1	고척4구역	983(576)
동대문구 답십리동 464-1	신답극동리모델링	255(29)
동대문구 답십리동 12-298	답십리17구역	326(122)
동대문구 이문동 257-42	래미안라그란데(이문1구역)	3069(920)
동대문구 이문동 149-8	아이파크자이(이문3구역)	4321(1641)
동대문구 제기동 288	제기4구역	909(362)
동대문구 청량리동 61-647	청량리7구역(롯데)	761(173)
동작구 상도동 산 65-74	상도푸르지오클라베뉴	771
동작구 노량진동 294-220	노량진6구역	1499(380)
동작구 흑석동 304	써밋더힐(흑석11구역)	1509(422)

위치	사업명	총세대수 (일반분양)
마포구 공덕동 105-115	마포자이힐스테이트(공덕1구역재건축)	1101(456)
마포구 아현동 613-1	마포로3-3지구	239(126)
마포구 아현동 617-1	마포로3-1지구	176(35)
서대문구 남가좌동 289-54	DMC가재울아이파크	283(93)
서대문구 북가좌동 372-1	북가좌6구역재건축	1970(645)
서대문구 영천동 69-20	서대문영천반도유보라(영천구역)	199(108)
서대문구 홍은동 11-111	서대문센트럴아이파크(홍은13구역)	827(409)
서대문구 연희동 519-39	연희1구역	1002(322)
성동구 용답동 121	청계지역주택조합	396(85)
성동구 행당동 128-1	라체르보푸르지오써밋(행당7구역)	958(135)
성동구 용답동 108-1	청계천리버뷰자이	1670(797)
성북구 장위동 68-37	장위10구역	2004(1175)
성북구 장위동 16-5	라디우스파크푸르지오	1637(760)
성북구 보문동1가 219	현대아이파크(보문5구역)	199
성북구 동선동4가 304-2	동선2구역	334(116)
성북구 삼선동2가 296	롯데캐슬(삼선5구역)	1223(522)
성북구 길음동 31-1	신길음1구역	444(304)
성북구 하월곡동 88-165	신월곡1구역	2244
영등포구 영등포동5가 32-8	영등포1-13구역(두산,대우)	659(216)
영등포구 영등포동7가 76-5	영등포1-2구역	290

위치	사업명	총세대수 (일반분양)
은평구 대조동 88	힐스테이트메디알레(대조1구역)	2451(483)
은평구 신사동 170-12	신사1구역재건축(두산위브)	424(235)
노원구 월계동 487-17	월계중흥S클래스	355
광진구 자양동 680-22	자양1재정비촉진구역	1363(631)

경기도 분양 예정 단지 지도 출처: 구글

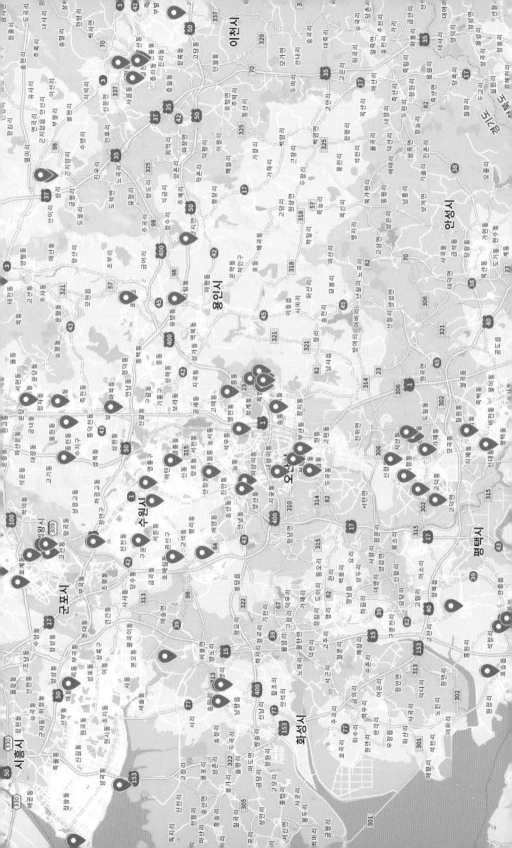

경기 분양 예정 단지

위치	사업명	총세대수 (일반분양)
고양시 성사동 394	고양성사동e편한세상	218(100)
고양시 행신동 173-1	행신한신더휴(행신2-1구역)	272
고양시 덕양구 토당동 402	능곡5구역주택재개발정비사업	2560
고양시 덕양구 주교동 559-1	원당1구역주택재개발정비사업	2601(635)
구리시 수택동 496-6	수택e구역재개발	3050
광명시 광명동 11-155	베르몬트로광명(광명2R구역)	3344(302)
광명시 광명동 78-38	광명5R구역(현대,GS,SK)	2733(561)
광명시 광명동 62-11	광명센트럴아이파크	1957(425)
광명시 광명동 275-3	광명제9R구역주택재개발정비사업	1509(1509)
광명시 광명동 9-8	광명자이더샵포레나(광명1R구역)	3585(809)
광명시 철산동 472-267	광명제12R구역재개발	2097(683)
광명시 철산동 105	철산주공10,11단지(GS)	1490(393)
광주시 곤지암읍 곤지암리 564-8	곤지암역세권아이파크	894(894)
광주시 곤지암읍 신대리 24	곤지암신대1지구(금호)	685(685)
광주시 장지동 692-82	광주역태전경남아너스빌2단지	361(361)
광주시 역동 28-3	경안2지구도시개발사업	674(674)
김포시 북변동 329-2	김포북변3구역재개발(우미린)	1200(876)
김포시 운양동 1307-8	운양역파라곤스퀘어	439(439)

위치	사업명	총세대수 (일반분양)
김포시 고촌읍 신곡리 973-7	고촌자이	1297(1297)
남양주시 다산동 산 3012-2	해링턴플레이스다산파크	350(350)
남양주시 다산동 4133	도농반도유보라(도농2구역)	194(166)
남양주시 다산동 4312-4	도농1-1재개발	400
남양주시 다산동 668-1	다산와이시티어반플랫	99(23)
남양주시 와부읍 453-15	남양주덕소2구역라온프라이빗	999(173)
남양주시 와부읍 덕소리 590-37	덕소4구역(신동아)	492
남양주시 평내동 660-6	센트럴N49주상복합	540(540)
남양주시 평내동 산 87-11	평내1구역재건축	1843(695)
부천시 괴안동 200-5	플래티넘부천괴안	759(237)
부천시 소사본동 65-2	부천소사동주상복합(현대엔지니어링)	430(430)
부천시 원종동 352	성곡2-1구역재건축	344
성남시 구미동 220	무지개마을4단지리모델링	647(84)
성남시 금토동	성남금토1차디에트르(A6BL)	203(0)
성남시 대장동 연립주택용지 B2블록	판교대장금강펜테리움(B2블록)	128(128)
성남시 대장동 연립주택용지 B3블록	판교대장금강펜테리움(B3블록)	87(87)
성남시 산성동 1336	산성구역재개발	3372
성남시 정자동 112	한솔마을5단지리모델링	1271(115)
성남시 중앙동 912	중1구역도시환경정비	1972(1322)

위치	사업명	총세대수 (일반분양)
수원시 서둔동 213-10	서둔동공동주택(힐스테이트)	482(482)
수원시 세류동 817-72	매교역펠루시드	2178(1234)
수원시 오목천동 319-1	수원오목천더리브	201(201)
수원시 장안구 이목동 475	수목이목1차디에트르(A3BL)	1744(1744)
수원시 장안구 이목동 475	수목이목2차디에트르(A4BL)	768(768)
수원시 장안구 이목동 475	수목이목3차디에트르(C6BL)	536(536)
수원시 영통구 영통동 973-3	수원두산우성한신아파트리모델링	1956
수원시 영통구 매탄동 897	영통2구역재건축	4002(1528)
시흥시 대야동 140-5	대야1지구(현대)	430(430)
시흥시 정왕동 2715	시화MTV푸르지오디오션	400(400)
시흥시 정왕동 2716	힐스테이트더웨이브시티	851(851)
안산시 고잔동 648	한화포레나안산고잔2차	472(178)
안양시 비산동 354-10	뉴타운맨션삼호재건축	2723(552)
안양시 석수동 348-1	화창지구재개발	483(212)
안양시 호계동 915	아크로베스티뉴	1011(408)
양주시 남방동 1BL	양주역세권중흥S클래스(1BL)	624(624)
양주시 남방동 2BL	양주역세권중흥S클래스(2BL)	526(526)
양주시 남방동 52	양주역푸르지오센터파크	1172(1172)
양주시 남방동 73-8	양주역세권개발 MBL	665(665)

위치	사업명	총세대수 (일반분양)
양주시 덕계동 707-1	양주덕계(한신)	724(724)
양주시 덕계동 903	회천2차대광로제비앙센트럴	526(299)
양주시 백석읍 복지리 287-1	양주복지지구모아엘가	940(940)
양주시 장흥면 부곡리 627-200	북한산라파우제테라스하우스	266(84)
양평군 양평읍 공흥리 434-1	양평공흥4지구휴먼빌	307(307)
양평군 양평읍 산 29-1	양평덕평코오롱하늘채	531(531)
오산시 가수동 307	오산세교1,2차대방엘리움(C1-1-1,2,3)	854(854)
오산시 궐동 439	오산세교the1	1132(1132)
오산시 탑동 55-1	세교2지구A16BL한신더휴	844(844)
오산시 탑동 154-1	오산세교2지구우미린	1544(1544)
오산시 양산동 95	스마트시티오산롯데캐슬	1676(797)
오산시 원동 785-1	오산경일신안구역재개발사업	321(321)
오산시 가수동 203-1	오산세교2지구A-8BL금강펜테리움	730(730)
오산시 청학동 세교2지구 A3블록	오산세교EGthe1(A3블록)	1068(1068)
용인시 기흥구 마북동 355-3	e편한세상용인역플랫폼시티	999(999)
용인시 처인구 양지면 양지리 715	양지1블럭서해그랑블	1053(1053)
용인시 처인구 포곡읍 전대리 192-2	용인에버랜드역대원칸타빌	348(348)
용인시 처인구 고림동 668	고림지구5블록	941(941)
용인시 수지구 풍덕천동 664	더샵센터마크원 (용인수지초입마을리모델링)	1721

위치	사업명	총세대수 (일반분양)
용인시 수지구 신봉동 402-1	용인신봉2구역	4200
의왕시 고천동 176-5	의왕고천지구디에트르	492(492)
의왕시 내손동 661	인덕원퍼스비엘	2180(586)
의왕시 오전동 32-5	의왕센트라인데시앙	733(530)
의왕시 포일동 506-1	힐스테이트인덕원	349(349)
의왕시 오전동 350-1	오전다구역재개발	3209
의왕시 고천동 265	고천나구역재개발	1913
의정부시 금오동 369-3	의정부금오동공동주택(대우)	748(748)
의정부시 금오동 65-3	힐스테이트금오더퍼스트	832(408)
의정부시 의정부동 146-5	이안더센트로의정부	154(154)
의정부시 의정부동 248-3	의정부라과디아더샵	1422(1422)
의정부시 의정부동 253-19	의정부센트럴아이파크(주상복합)	754(754)
의정부시 의정부동 421-20	의정부파밀리에포레나	1650(1650)
이천시 관고동 226	이천관고재개발사업e편한세상	616
이천시 대월면 사동리 산9-7	이천사동리(현대산업개발)	248(248)
이천시 안흥동 277-12	이천금호어울림	994(994)
이천시 안흥동 320-1	이천센트레빌레이크뷰	180
이천시 증포동 323-20	이천증포동자이	640(640)
파주시 교하동	파주운정3A45블록	520(520)

위치	사업명	총세대수 (일반분양)
파주시 다율동 운정3지구 A17블록	파주운정3A17블록(공공분양)	660(660)
파주시 목동동 916	파주운정신도시디에트르센트럴A36BL	292(292)
파주시 문산읍 문산리 81-61	파주문산역3차동문디이스트	940(726)
파주시 와동동	파주운정신도시7차디에트르 (지원5-1BL)	-
파주시 와동동 1471-2	힐스테이트더운정	744(744)
파주시 목동동 산 26	운정자이시그니처	988(988)
파주시 와동동 운정3지구 A10블록	운정신도시제일풍경채2차그랑베뉴	660(660)
평택시 고덕동 1860-2	평택고덕A5BL	569(569)
평택시 고덕면 4324-1	평택고덕지구더크레스트&파피에르	1116(1116)
평택시 고덕동 산 510-245	평택고덕예미지(A48블록)	431(431)
평택시 고덕면 평택고덕국제화계획 Aa54블록	평택고덕국제화계획Aa54블록 (공공분양)	1582(1582)
평택시 서정동 780	힐스테이트평택더퍼스트	1107(698)
평택시 세교동 586-4	지제역삼부르네상스	180(180)
평택시 장당동 614	지제역반도체밸리제일풍경채	1152(1152)
평택시 장안동 산104	평택브레인시티대광로제비앙	572(572)
평택시 장안동 142	평택브레인시티일반산업단지2BL	1700(1700)

위치	사업명	총세대수 (일반분양)
평택시 통복동	통복동주상복합(쌍용)	846(782)
평택시 포승읍 도곡리328-4	평택항오션파크서희스타힐스	1742(174)
평택시 청북읍 옥길리 1157-7	평택청북지구대방엘리움D3-2BL	318
평택시 현덕면 화양리 790-176	평택화양대우푸르지오	851(851)
평택시 현덕면 화양리 454-2 (화양지구5BL)	힐스테이트평택화양(5BL)	1571(1571)
평택시 현덕면 운정리 150-1	평택화양지구동문디이스트(6-2BL)	753(753)
평택시 현덕면 화양지구 8BL	평택화양서희스타힐스센트럴파크	1554(555)
하남시 신장동 474-4	하남프라임파크	350
화성시 남양읍	화성송산그린시티 계룡리슈빌	204(204)
화성시 남양읍	화성남양1차우미린	423(423)
화성시 남양읍 남양리 2198	화성남양2차우미린	600(600)
화성시 남양읍 남양리 2199	화성남양뉴타운C1블록모아미래도	328(328)
화성시 동탄면 동탄2신도시 A56BL	e편한세상동탄파크아너스(A56BL)	800(560)
화성시 병점동 4-151(일상15-1블록)	병점역서영더엘1차	90(90)
화성시 병점동 4-171(일상17-1블록)	병점역서영더엘2차	90(90)
화성시 봉담읍 동화리 181-1	봉담중흥S-클래스센트럴에듀	806(806)
화성시 비봉면 삼화리 244	화성비봉공동주택지구B1블록예미지	530(530)
화성시 새솔동 동측지구 EB4블록	송산그린시티리안비채(EB4블록)	128(128)
화성시 새솔동 동측지구 EB5블록	송산그린시티리안비채(EB5블록)	131(131)

위치	사업명	총세대수 (일반분양)
화성시 새솔동 송산그린시티 동측지구	송산그린시티블록형단독주택	350(350)
화성시 신동 521	동탄2공동주택용지(A57-2)	662(662)
화성시 신동 238	동탄파크릭스(A55BL)	660(660)
화성시 신동 460	e편한세상동탄파크아너스(2회차)	363(363)
화성시 신동 561-1	화성동탄A61BL공동주택	585(585)
화성시 신동 동탄2신도시 A58블록	동탄2신도시파라곤2차	1247(1247)
화성시 신동 산 165	동탄신도시금강펜테리움6차센트럴파크	1103(1103)
화성시 오산동 582	동탄2신도시대상엘리움C18BL	548(548)
화성시 장지동 970	동탄호수공원자연앤이편한세상	1227(1227)

서울 분양권 전매 가능 단지

위치	단지명	입주시기	총세대수	전매제한 완화 날짜
서울 강북구 미아동	한화포레나미아	2025년 11월	497세대	2023년 04월 13일
서울 중랑구 중화동	리버센SK뷰롯데캐슬	2025년 11월	1055세대	2023년 11월 23일
서울 강동구 길동	강동헤리티지자이	2024년 6월	1299세대	2023년 12월 29일
서울 강동구 둔촌동	올림파크포레온	2025년 1월	12032세대	2023년 12월 15일
서울 성북구 장위동	장위자이레디언트	2025년 3월	2804세대	2023년 12월 16일
서울 강남구 대치동	대치푸르지오써밋	2023년 5월	489세대	소유권이전전매금지
서울 서초구 잠원동	신반포르엘	2023년 6월	330세대	소유권이전전매금지
서울 서초구 반포동	반포래미안원베일리	2023년 8월	2990세대	소유권이전전매금지
서울 강동구 강일동	*힐스테이트리슈빌강일	2023년 9월	809세대	소유권이전전매금지
서울 강남구 개포동	디에이치 퍼스티어아이파크	2024년 1월	6702세대	소유권이전전매금지
서울 강동구 고덕동	*고덕강일제일풍경채	2024년 1월	780세대	소유권이전전매금지
서울 강동구 상일동	*e편한세상강일 어반브릿지	2024년 2월	593세대	소유권이전전매금지
서울 송파구 가락동	더샵송파루미스타	2025년 10월	179세대	소유권이전전매금지
서울 강북구 미아동	북서울자이폴라리스	2024년 8월	1045세대	2023년 4월
서울 동대문구 용두동	청량리역한양 수자인그라시엘	2023년 5월	1152세대	2023년 5월

위치	단지명	입주시기	총세대수	전매제한 완화 날짜
서울 강동구 둔촌동	더샵파크솔레이유	2023년 6월	195세대	2023년 6월
서울 노원구 상계동	노원롯데캐슬 시그니처	2023년 6월	1163세대	2023년 7월
서울 광진구 자양동	롯데캐슬리버파크 시그니처	2023년 7월	878세대	2023년 8월
서울 동대문구 전농동	롯데캐슬SKY-L65	2023년 7월	1425세대	2023년 9월
서울 은평구 수색동	DMCSK뷰아이파크포레	2023년 7월	1464세대	2023년 10월
서울 은평구 수색동	DMC파인시티자이	2023년 7월	1223세대	2023년 11월
서울 강동구 성내동	힐스테이트천호역 젠트리스	2024년 3월	160세대	2023년 12월
서울 강동구 천호동	강동밀레니얼 중흥S-클래스(주)	2024년 9월	999세대	2023년 13월
서울 성북구 길음동	길음역 롯데캐슬트윈골드	2024년 4월	395세대	2023년 14월
서울 구로구 개봉동	신영지웰에스테이트 개봉역	2024년 7월	101세대	2023년 15월
서울 성북구 안암동	해링턴플레이스안암	2024년 7월	199세대	2023년 16월
서울 영등포구 영등포동	센트레빌 아스테리움영등포	2024년 8월	156세대	2023년 17월

- *은 고덕강일공공택지지구
- 100세대 미만 및 비추천 단지 제외
- 소급적용과 관련한 단지는 달라질 수 있음

노란색	규제지역+공공택지지구
주황색	발표일 1년 지난 날짜로 전매해제
보라색	4월 소급적용 전매해제

7장

대안 찾기

청약통장 없이도
새 아파트 갖는 법

틈새의 희망,
'미계약 잔여세대'

"꾸준히 유튜브 아임해피TV를 보면서 부동산 공부를 하고 있는데, 이번에 정말 유용한 정보를 얻었습니다. 저는 특별공급 자격도 안 되고 무주택 기간도 짧고 가점도 낮아서 청약에 당첨될 가능성이 낮은 사람인데, 그럼에도 너무 당첨되고 싶거든요. 하늘이 무너져도 솟아날 구멍이 있고, 이가 없으면 잇몸으로 산다고 했듯이 저 같은 '청약 포기자'에게도 실낱같은 희망이 있더라고요. 바로 '미계약 잔여세대' 분양입니다!"

내가 운영하는 인터넷 카페에 한 회원이 올려준 후기다. 실제로 이분처럼 청약을 포기하려다가 미계약 잔여세대를 알게 된 뒤 새로운 도전을 꿈꾸는 사람이 많다. 더욱이 지금은 거의 모든 규제가 해제되면서 지역에 상관없이, 주택수에 관계없이 미계약 잔여세대 분양에 도전할 수 있게 됐다. 그럼 대체 미계약 잔여세대 분양이라는 것은 무엇일까? 이제부터 자세히 알아보도록 하자.

미계약분에 당첨되는 방법

우선 '미계약'의 의미부터 짚고 넘어가자. 미계약과 미분양이 어떻게 다른지 많은 사람이 헷갈려 한다. 우선 '미분양'은 일반공급 2순위까지 청약 신청을 받았지만 신청자가 부족해서 잔여 물량이 남는 경우(아무에게도 동·호수가 배정되지 않고 남은 물량)를 말한다. 반면 '미계약'은 특별공급과 일반공급 청약 일정이 끝나고, 예비당첨자 계약까지 완료된 이후에 '부적격 처리'가 되거나 자금 부족 등의 이유로 계약을 포기한 사람들로 인해 발생한 잔여 물량(누군가에게 동·호수가 배정되었지만 계약이 성사되지 않은 물량)을 말한다.

입지가 좋고 가격 이점도 있어서 청약 경쟁률이 치열했던 단지에도 '미계약 잔여세대'는 생기기 마련이다. 청약 가점을 잘못 알고 있거나 평생 한 번뿐인 특별공급 횟수 제한을 인지하지 못한 부적격 당첨자가 적지 않게 나오는 데다가, 높아진 분양가 탓에 자금 계획을 충분히 세우지 못하는 사례가 점점 늘고 있기 때문이다.

무순위 청약 자격 세부 내용(출처: 청약홈)

구분	비규제지역	규제지역
접수 주체	청약홈, 사업 주체 중 선택	청약홈 의무
공급질서 교란자	청약 가능	청약 불가
중복 청약 (당첨자 발표일이 같은 타주택)	청약 가능	청약 불가
당첨자 관리 여부	당첨자 미관리	명단 관리 의무
당첨 시 향후 제한	해당 없음	재당첨제한 적용

청약 자격 요건을 갖추지 못한 실수요자나 투자자들이 이런 잔여세대 물량을 공략하는 것을 일컬어 시장에서는 '줍줍(남은 물량을 줍고 줍는다는 의미)'이라고 표현한다. 청약통장의 유무와 상관없이 만 19세 이상이면 누구나 신청할 수 있고, 당첨 후에 계약을 포기해도 아무런 패널티가 없어 말 그대로 '그냥 주워서 이득을 얻은 것'처럼 좋은 점이 많기 때문이다.

그럼 미계약 잔여세대를 잡으려면 어떻게 해야 할까? 미계약 잔여세대 분양 일정은 일반 정당 계약이 끝나고 예비당첨자 계약까지 다 완료된 이후에 분양단지에서 별도로 공고한다. 규제지역은 청약홈에서, 비규제지역은 청약홈 또는 해당 건설사에서 직접 접수를 받는다. 따라서 미리 청약홈을 통해 관심지역 알림 신청을 해두거나 해당 모델하우스에 연락해 문자 등록 안내 서비스를 접수해야 한다. 잔여세대를 잡으려면 꾸준히 관심을 갖는 수밖에 없다. 계속 도전하는 사람에게 당첨의 행운도 찾아오는 법이다.

미계약을 잡는 안목
서울 2호선 역세권
새 아파트를 잡다!

나는 해마다 향후 분양예정물량을 정리하고 분석하는 일을 해오고 있다. 이 작업을 해온 지도 벌써 수년이 지났다. 왜 이런 일을 하느냐고 묻는다면 이렇게 말하고 싶다. "1년 동안의 먹을거리를 찾기 위해서"라고. 부동산 투자를 하는 사람이니 투자 물건을 찾는 건 나의 생업이나 다름없다.

1년 치 분양예정물량을 보면서 내가 특히 주목하는 건, 지금 당장은 단점이 많이 보여도 시간이 지나면 단점이 없어질 'B급 단지들'이다. 서울 동작구에서 2018년 6월에 분양한 '협성휴포레시그니처'도 그런 B급 단지 중 하나였다.

이 단지는 주상복합에 총 274세대 분양으로, 다소 소규모 단지이다 보니 당시 큰 관심을 끌지는 못했다. 게다가 협성휴포레는 유명 건설사 브랜드도 아니어서 일반 사람들에게는 생소하게 느껴질 수 있었다. 협성은 경남·부산 지역에서 잘 알려진 건설사로, 이런 특정 지역을 근거지로 한 브랜드들이 몇몇 있다. 이를테면 대전에서는 '계룡건설', 전남에서는 '중흥건설', 충청도에서는 '제일건설'이 그렇다.

동작 협성휴포레시그니처 단지의 위치는 대림지구 특별계획 3구역에 해당하는 곳이다. '대림'이라 하면 흔히 중국 교포가 많은 동네라는 인식이 커서 아이들 키우기에 좋지 않고 학군도 별로라는 악평이 많았다.

그러나 단점을 상쇄할 큰 장점도 분명 있었다. 2호선 구로디지털단지역이 도보 거리에 있는 역세권이라는 점이다. 2호선 역세권의 집값은 강남역까지 가는 시간이 얼마나 되느냐에 따라 좌우된다. 강남권 30분 내에 진입할 수 있는 곳이라면 분명 메리트가 있다. 게다가 신안산선이 개통되면 더블 역세권의 이점도 누릴 수 있는 단지였다.

274세대의 소규모 단지에 인지도 낮은 브랜드면 어떠한가? 3대 업무지구인 강남은 물론 여의도와 중구도 30분 내에 진입할 수 있는 지역이지 않은가? 게다가 구로디지털단지역은 도보권이다. 직

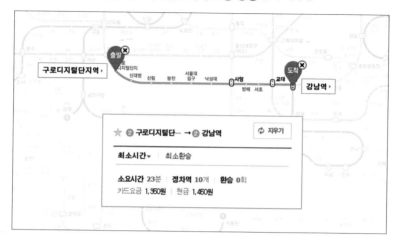

2호선 구로디지털단지역 교통 상황(출처: 네이버)

장인이라면 고민 않고 선택할 수 있는 주거지로 충분했다.

2018년 7월 20일, 나는 기다렸던 동작 협성휴포레시그니처 단지의 미계약 잔여세대 안내 문자를 받았다. 바로 다음 날인 21일 오전 11시까지 모델하우스에 입장한 사람에 한해 잔여세대 신청에 참여할 수 있었다. 중요한 것은 구비서류 및 준비사항이었다. 신분증과 인감도장, 주민등록등본, 인감증명서, 1000만 원의 지참금(당일 계약금에 해당하며 계좌이체는 불가능하다)이 필요했다. 대리인 입장 시에는 위임장과 위임용 인감증명서도 준비해야 한다.

잔여세대 안내 문자는 보통 금요일 오후에 받는 경우가 많다. 이 때문에 인감증명서 발급을 위해 주민센터에 갈 시간도, 1000만 원이라는 돈을 준비하기 위해 은행에 갈 시간도 충분하지 않은 게 사실이다. 나는 그동안의 경험을 바탕으로 휴일에도 인감증명서를 발급받을 수 있는 곳이나 근무 외 시간에 수표를 발행하는 은행도 잘 알고 있다. 만약 안내 문자를 받고도 서류 준비를 못해 기회를 포기해야 한다면 얼마나 억울하겠는가? 준비된 사람만이 기회를 잡을 수 있는 법이다. 그러니 쉽게 포기하지 말고 발로 뛰어야 한다. 구하면 구해질 것이고, 두드리면 열리게 되어 있다.

많은 사람이 모였지만 다행히 나에게도 기회가 왔다. 바로 결정해야 하므로 나는 미리 살펴본 대로 우선순위인 남향에, 주상복합이기 때문에 환기가 잘되는 구조 등의 조건을 고려하여 남은 물건 중 최적의 물건을 선택했다. 대학 때부터 '인서울'을 간절히 원했던 내게 2호선 역세권 새 아파트를 갖게 되는 순간이 찾아온 것이었다. 당시 분양가 7억 원에 미계약 물건을 잡은 나는, 현재 7억 5000만 원에 전세 세입자를 들이며 내 돈 한 푼 들이지 않고 서울에 새 아파트를 장만했다.

나는 이렇게 매년 미계약 잔여세대 물량으로 청약통장 없이도 새 아파트에 당첨되는 기쁨을 계속 누려오고 있고, 이런 물건만으로 남들 연봉만큼의 돈을 벌고 있다. 내 강의를 듣고 있는 수강생들도 나와 함께 새 아파트를 마련하는 경험을 하나둘 쌓고 있다.

눈을 크게 뜨자. 남들이 보지 못하는 것을 보는 '청약의 눈'을 키우자. 올해는 어떤 미계약 잔여세대 물건이 나올까? 어떤 곳에서

아임해피의 역대 '줍줍' 당첨 아파트 리스트

아파트명
고덕센트럴푸르지오
목동센트럴아이파크위브
동작협성휴포레시그니처
호매실극동스타클래스
힐스테이트판교엘포레
e편한세상계양더프리미어
DMC자이더리버
호반써밋동탄
목감호반베르디움

또 다른 당첨의 행운을 맞이하게 될까? 늘 고대하고 준비하다 보면 기회는 내 것이 된다.

'미분양'은
안 좋은 건가요?

앞서 설명했듯이 미분양이란 일반공급 2순위까지 청약 신청을 받았지만 신청자가 적어서 남은 물량이 생긴 경우를 말한다. 좀 더 자세히 설명하자면, 미분양은 '청약 미분양'과 '준공 후 미분양'으로 구분된다. 청약 미분양 상태로 계속 판매를 해도 물량이 소진되지 않고, 2~3년의 공사기간이 지난 이후에도 물량이 남아 있는 경우 '준공 후 미분양'으로 관리하는 것이다.

국토교통부 통계누리(stat.molit.go.kr) 사이트에 들어가면 전국 단위뿐만 아니라 시·군·구별로 미분양 현황 통계를 볼 수 있다. 만약 내가 관심을 갖는 지역이 있다면, 해당 지역의 미분양이 어느 정도 되는지를 반드시 파악해봐야 한다. 미분양 변화 추이만 살펴봐도 향후 부동산의 흐름을 가늠할 수 있다.

국토교통부 전국 미분양 주택 현황 인포그래픽

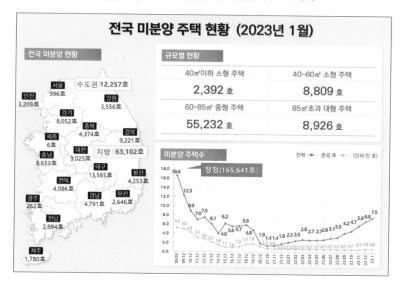

미분양을 확인하는 법

이처럼 미분양 수치를 꾸준히 확인하면 아파트의 매매 타이밍
을 제대로 잡을 수 있다. 그럼 미분양 현황을 어떻게 파악할까? 국
토교통부 통계누리 외에도 미분양 현황을 확인할 수 있는 다양한
사이트가 있다.

먼저 주택도시보증공사(HUG)에서 발표하는 미분양관리지역 공고이다. 홈페이지(www.khug.or.k)에 방문해 '기업보증'을 클릭하고 '분양보증' 탭에서 '미분양관리지역 공고'를 누르면 시기별로 미분양관리지역에 선정된 곳을 확인할 수 있다.

주택도시보증공사의 미분양관리지역 공고

'미분양관리지역'이란 무엇일까? 미분양 세대수가 1000세대 이상이면서 공동주택재고수(통계청이 주택총조사를 통해 발표하는 시·군·구별 주택수에서 단독주택 및 비거주용건물 내 주택을 제외한 세대수) 대비 미분양세대수가 2% 이상인 시·군·구 가운데 미분양 증가, 미분양 해소 저조, 미분양 우려 중 1개 이상 충족하는 지역을 뜻한다. 말 그

주택도시보증공사 미분양관리지역 선정·공고 세부 내용

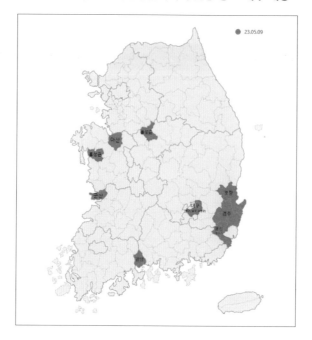

대로 미분양이 많은 지역을 HUG에서 집중 관리해 미분양을 줄이겠다는 취지다. 미분양관리지역으로 선정되면 기존 분양주택의 물량을 해소하는 것이 우선순위가 된다. 따라서 해당 지역에서 새롭게 분양하려는 사업장은 예비심사와 사전심사 등 까다로운 절차를 거치게 돼 사실상 주택 공급을 포기하거나 뒤로 미루는 효과를 거둘 수 있다.

국토교통부에서 발표하는 보도자료를 통해서도 매월 미분양 통계를 확인할 수 있다. 국토교통부 홈페이지(www.molit.go.kr)에 들어

국토교통부 보도자료 주택 통계 발표

가 '뉴스·소식'이라고 쓰인 부분에 마우스를 대보면 '보도자료'라는 항목이 나온다. '전체'를 클릭해 검색창에 '주택 통계'를 입력하면 매달 전국 미분양 주택 현황을 인포그래픽과 표로 확인할 수 있다. 이보다 자세한 단지별 사항은 시군구청 홈페이지를 방문해 미분양 현황을 통해 체크할 수 있다.

다시 보자, 미분양!

미분양이 증가하는 곳이라면 아파트값도 오르기가 힘들다. 새 아파트도 미분양이 나오는데, 기존 구축 아파트 매매가 어려운 것은 당연한 이치다.

그런데 이렇게 한번 생각해 보자. 미분양이 나온다는 게 꼭 나쁜 의미일까? 지방에는 아예 신축 아파트 공급이 없는 지역도 많다. 미분양이 난다는 건 그래도 건설사가 '아파트를 공급하는 지역'이라는 뜻이다. 건설사들이 무턱대고 아파트를 짓지는 않을 것이다. 택지지구 개발 등으로 아파트 공급이 일시에 많아지면 그만큼 미분양이 많아지기도 하는데, 그런 미분양이 쌓이면 건설사도 조절을 하게 되어 있다.

그렇기 때문에 '미분양이 왜 발생하는지' 그 이유도 잘 따져봐야 한다. 위치가 너무 좋지 않아서 주민들조차 고개를 절레절레 젓는 곳이 있다. 그런 곳은 가급적 피하는 편이 좋다. 단지 현장에 직접 가보는 것이 그래서 중요하다.

만약 분양가가 너무 높게 나온 곳이라면 해당 분양가를 감당할 수 있는 수준인지, 미래 가치로 판단할 때 적정한지를 따져봐야 한다. 지금은 분양가가 높아 미분양이 나도, 주변 시세가 오르면 미분양 물량도 소진되는 시점이 올 수 있다.

또한 공공택지 개발 등으로 분양 물량이 많아져서 미분양이 생기는 경우라면, 잠재적 대기 수요가 얼마나 되는지도 잘 살펴봐야 한다. 한번 물량이 소진되기 시작하면 그간 미분양이 많았어도 어느 시점에 상황이 반전할 수 있기 때문이다.

무엇보다 미분양에 들어갈 타이밍을 잡기 위해 내가 가장 중요하게 보는 지표는 '미분양 소진율'이다. 미분양 추이를 계속해서 지켜보다 보면 어느 순간 미분양이 급격하게 소진되는 타이밍이 온다. 그때를 공략해야 한다. 요컨대 미분양이라고 해서 꼭 안 좋게만 볼 이유는 없으며, 미분양이 난 이유를 면밀히 분석하면서 동시에 추이를 잘 살펴보아야 한다.

그 유명한 마포래미안푸르지오나 경희궁자이 등 서울의 많은 대장 단지들도 분양 당시에는 미분양의 진통을 겪었다. 캄캄한 새벽 하늘이 지면 찬란한 해가 떠오르듯, 미분양이 많았던 지역이 나중에는 가장 많이 오르기도 한다. 무엇이든 꾸준한 관심이 필수다.

전매제한이 풀린
알짜 '분양권'을 매입하라

"마이너스 프리미엄(매도자가 최초 분양가보다 낮은 가격에 손절매하는 방식)을 주고 분양권을 사는 건 썩 내키지 않습니다. 마이너스 프리미엄이 됐다는 건 그만큼 가치가 떨어졌다는 뜻인데, 제가 사려는 가격보다 프리미엄이 더 떨어질까 봐 영 불안해서요."

충분히 이렇게 생각할 수 있다. 특히 지금처럼 부동산 경기가 좋지 않을 때는 시장에 대한 확신이 없으니 더욱 불안하다. 분양가는 쭉쭉 오르고, 프리미엄은 더 떨어질까 봐 못 사는 진퇴양난의 상황 속에서 언제까지 고민을 거듭해야 하는 걸까?

프리미엄을 주고 사더라도 손해 보지 않을 알짜 단지가 있다면 어떻겠는가? 마이너스 프리미엄을 주고도 반드시 오를 거라는 확신이 있다면 어떻겠는가? 전략적으로 그런 단지의 분양권을 찾을 수 있다면, 분양권 매수로도 내 집 마련과 투자 수익을 기대해 볼 수 있지 않을까?

2023년 전매제한 완화 소식에 활기가 되살아난 분양권 시장에 주목해 보자.

어떤 단지가 알짜 단지일까?

누구나 탐내는 이른바 A급 아파트라면 부동산 경기에 상관없이 이미 프리미엄이 많이 올라 있을 것이다. 분양가 대비 껑충 뛴 호가 때문에 선뜻 매수를 결정하기가 어렵다. 그래서 이때는 '수익률'을 중요하게 따져봐야 한다. 너무 많은 투자금이 들어가는 A급 아파트 대신, 투자금 대비 수익률이 좋은 B급 아파트를 찾아야 하는 이유가 여기에 있다.

여러 차례 강조했듯이 경쟁률이 낮고 사람들의 관심이 상대적으로 적은 B급 아파트 중에서는 처음에 인기가 없다가도 입주 때쯤에 프리미엄이 급상승하는 물건이 종종 있다. 그런 아파트를 잘 고르면 A급보다 더 높은 수익률을 챙길 수 있다. 예컨대 소규모 단지라도 주변에 아파트가 많이 없으면서 핵심 상권을 이용할 수

있는 입지라면 입주 시점에는 투자금 대비 높은 수익률을 기대할

수 있다.

반대로 마이너스 프리미엄일 땐 어떤 기준으로 옥석을 가려내

야 할까? 앞서 미분양과 마찬가지로 마이너스 프리미엄이 붙는

요인 또한 크게 네 가지로 나눌 수 있다. 첫째, 강한 규제, 둘째, 공

급 과다, 셋째, 높은 분양가, 넷째, 선호하지 않는 입지가 그것이

다. 몇 해 전 '8·2 부동산대책' 발표로 조정대상지역이 된 남동탄

에 마이너스 프리미엄이 휩쓸고 간 것이 강한 규제에 영향을 받은

대표 사례다. 이 같은 시장 분위기는 일시적으로 지나갈 확률이

높은데, 규제 때문에 얼어붙은 시장은 해당 규제가 완화되거나 시

장 분위기가 되살아나면 반드시 회복될 가능성이 크기 때문이다.

불황일수록 입지를 보는 눈을 키워야 하는 이유다.

한편 분양 물량이 쏟아져 마이너스 프리미엄이 된 경우도 있다.

최근 인천의 경우가 그렇다. 이런 지역에서는 실거주용으로 분양

가보다 싼 알짜 분양권을 사서 시장을 지켜보는 것도 나쁘지 않

다. 하지만 투자 목적으로 접근한다면 비슷한 컨디션의 전세 물량

이 쏟아지는 시기인 탓에 적정 가격에 전세를 맞추지 못할 가능성

을 염두에 두어야 한다.

최근 '미분양의 무덤'이 된 대구는 분양가가 비싸서 마이너스

프리미엄이 형성된 지역이다. 해당 지역에서 적정 가격을 찾고 싶

다면 시세를 견인하는 대장 단지와 주변 지역의 시세를 함께 보면서 거품의 수준을 파악하는 눈이 중요하다. 최근 경쟁률이 높은 평택 고덕신도시와 미분양이 생긴 다른 지역 사례를 비교해 보면 알 수 있듯이 부동산의 꽃은 입지다. 불황일수록 입지 가치가 높은 곳에 청약을 해야 한다.

분양권 거래 시 알아야 하는 것들

분양권 거래는 일반 매매와 달라서 복잡하고 어렵게 느껴질 수 있다. 그래도 부동산 중개소를 이용하면 다 알아서 처리해 주기 때문에 거래 절차를 속속들이 이해할 필요는 없다. 다만 기본적으로 꼭 알고 있어야 하는 사항과, 분양권 매수 시 어떤 항목의 자금을 얼마나 준비해야 하는지 정도는 짚고 넘어가야 한다.

일반 매매처럼 분양권 매매도 매도자와 매수자가 '분양권 매매 계약서'를 작성한다. 계약서 작성이 완료되면 부동산에서 '실거래가(분양가, 발코니 확장비, 옵션비, 프리미엄을 모두 합한 금액) 신고'와 '은행 대출 승계 신고'를 진행한다. 은행 대출 승계는 분양권 매도자가 분양 시에 받은 은행 대출을 매수자가 그대로 승계받는 것을 의미하며, 만약 승계를 원하지 않는다면 대출을 상환할 수도 있다. 대출 승계 신고가 끝나면 분양계약서의 권리의무도 승계받고, 명의가 변경된 아파트의 분양계약서도 받는다.

　분양권 매매 거래 시에는 부동산을 통해 정한 계약금과 잔금을 준비해야 한다. 보통 계약서를 작성할 때 계약금을 지급하고, 계약일 이후 한 달 정도 후에 처리되는 명의 변경일에는 잔금을 지급한다.

분양가 3억 원, 프리미엄 3000만 원 분양권 승계 시 필요한 금액

분양가 　300,000,000원 확장비 　 13,000,000원 옵션 　　 8,000,000원 프리미엄 30,000,000원 -------------------------------- 취득가액 351,000,000원	분양 계약금 30,000,000 확장 계약금 　1,300,000 옵션 계약금 　 800,000 프리미엄 　30,000,000 -------------------------------- 분양권 승계 시 필요한 돈 　62,100,000

　그럼 분양권 거래 시 계약금부터 잔금까지, 매수자가 준비해야 하는 자금은 얼마일까?

• 분양권 매매 시 필요 금액

= 분양계약금+프리미엄 금액

+확장비·옵션비 계약금 또는 중도금+중개수수료

*분양가 중에서 중도금 대출을 미리 낸 경우라면 그 금액도 필요

예를 들어 계약금 10%, 중도금 60%(6회 차), 잔금 30%로 지급하는 분양가 3억 원의 아파트 분양권이라고 가정해 보자. 확장비와 옵션비는 각각 1300만 원과 800만 원이고, 기납입한 금액이 이들 계약금의 10%인 130만 원과 80만 원이다(확장비와 옵션비의 계약금은 아파트 단지에 따라 조금씩 상이할 수 있다). 이 분양권은 입지가 좋아서 프리미엄 3000만 원을 주고 거래하기로 했다. 매수자는 얼마의 현금을 준비해야 할까?

우선 중도금은 대출 승계를 받으면 준비할 필요가 없으므로 계약금 10%에 해당하는 3000만 원과, 확장비 및 옵션비 계약금 210만 원, 프리미엄 금액 3000만 원, 그리고 중개수수료(거래가액의 일정 퍼센트로 지정된 법정 수수료)를 더하면 된다. 즉, 총 6210만 원+중개수수료인 셈이다.

2023년 얼어붙은 분양시장에도 한 자락 훈풍이 불고 있다. 기존까지 수도권 최대 10년이던 분양권 전매제한 기간이 최대 3년으로 크게 완화됐다. 규제는 언제나 강약을 반복하고 시장은 늘 변화무쌍하다. 다시 찾아온 기회의 시장에서 우리는 무엇을 바라보고 어떻게 준비해야 하는가? 우선 서울, 경기 분양권 전매가 풀린

단지부터 주목해 보자. 위례, 과천지식정보타운, 동탄2신도시 등 전매제한 기간이 긴 공공택지는 최대 10년 소유권 이전 전매가 제한되는 데 반해, 올림픽파크포레온, 철산자이더헤리티지, 장위자이레디언트 등은 청약 당첨일로부터 1년이 지나면 전매가 가능하다. 네이버 부동산에서 '분양권' 탭을 누르면 전매 가능한 단지를 쉽게 찾을 수 있으며, 닥터아파트 분양권 캘린더에서도 이를 빠르게 확인할 수 있다. 흙 속에 파묻혀 있던 숨은 진주를 찾아보자.

'입주권'으로 100%
새 아파트에 당첨되는 법

"서울에 있는 새 아파트를 사고 싶은데 청약으로는 도저히 안

될 것 같고, 전매제한이라 분양권을 사는 것도 쉽지 않네요. 이

도 저도 다 안 되면 저는 죽을 때까지 서울의 새 아파트는 꿈도

꾸지 못할까요?"

물론 그렇지 않다. 이도 저도 안 되는 사람이라도 서울에 있는

새 아파트를 가질 수 있는 방법이 분명 있다. 현재 서울에는 재건

축·재개발 아파트 단지가 매우 많은데, 해당 단지의 입주권을 사

면 누구나 서울의 새 아파트를 가질 수 있다.

물론 입주권 투자는 절차가 복잡한 데다 초기 투자금이 분양권

매매보다 많이 들어갈 수 있으며, 시간이 더 오래 걸린다는 단점이 있다. 하지만 꼭 사고 싶은 아파트가 있다면 그 아파트를 100% 당첨 확률로 살 수 있는 방법이 바로 입주권이다. 입주권을 설명하기 위해서는 먼저 재건축·재개발 사업에 대한 기본적인 이해부터 선행되어야 한다.

재건축·재개발 사업, 무엇을 알아야 하나?

재건축·재개발 사업은 노후화된 주거환경(재개발) 및 주택(재건축)을 개선하기 위해 시행하는 사업으로, 기존 주택을 멸실하고 그 땅 위에 새로이 주택을 짓는 것을 말한다. 일반분양 아파트는 땅 주인이 회사지만, 재건축·재개발 아파트는 여러 명의 땅 주인 혹은 건물 주인이 모여 법인인 조합을 만든다.

아무래도 관여하는 이해관계자가 많기 때문에 사업이 진행되는 단계에서 예상치 못한 일들이 벌어지기도 한다. 그래서 아파트가 완공되고 입주를 하기까지 시간이 오래 걸리기도 하고, 엎치락뒤치락하는 경우도 있다는 것을 명심하기 바란다. 그러나 조합원이 되면 분명하게 확보할 수 있는 장점도 있다. 입지가 확정되어 있는 새 아파트를 주변 시세보다 저렴하게 살 수 있다는 것이다.

조합원분양가와 일반분양가의 차이

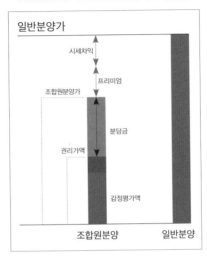

광명뉴타운 내 84㎡ 조합원분양가와 일반분양가의 차이(단위: 억 원)

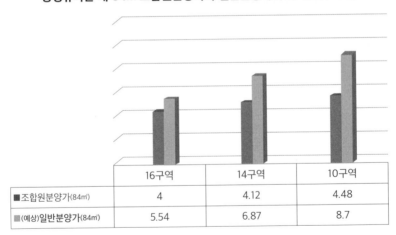

	16구역	14구역	10구역
■ 조합원분양가(84㎡)	4	4.12	4.48
■ (예상)일반분양가(84㎡)	5.54	6.87	8.7

재개발 사업 진행 과정

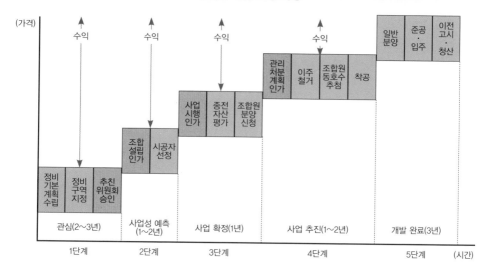

다음 자료는 재건축·재개발 아파트의 조합원분양가와 일반분양가의 차이를 보여준다.

재건축·재개발 사업은 진행 단계에 따라 조합원이 얻는 수익이 달라진다. 위 그림을 참고해 보자. 사업 초기에 들어가면 수익은 커지지만 아파트 준공까지 시간이 오래 걸리고, 늦게 들어갈수록 수익은 줄어들지만 새 아파트를 가질 수 있는 시기도 빨라진다. 그래서 입주권은 결국 시간 싸움이라고도 한다.

각 단계에 따른 용어들을 간략히 설명하면 다음과 같다. 자세한 내용이 궁금하다면 『대한민국 재건축 재개발 지도』가 좋은 길잡이 역할을 해줄 것이다.

추진위원회

조합이 이뤄지기 전 단계로, 조합원 요건이 충족되는 부동산을 보유한 예비조합원(토지 등 소유자)의 과반수 동의가 있어야만 승인이 가능하다.

조합설립인가

정비사업의 주체로 법인 성격을 지닌다. 토지 등 소유자 4분의 3 이상, 토지 면적의 2분의 1 이상의 동의가 필요하다. 조합설립 후 추진위원회는 해산한다.

사업시행인가

조합이 추진하는 정비사업의 내용을 최종 확정하는 행정 절차로 총 대지면적, 용적률, 건폐율, 가구 수 등을 결정한다.

관리처분인가

정비사업 시행자가 분양 신청 기간 종료 후 수립하는 계획이다. 분양에 따른 수익과 조합원별 권리가액, 분담금 등을 결정한다. 관리처분인가가 나오면 이주하고 착공 후 일반분양을 하게 된다.

'만점' 통장을 손에 쥐었다! 입주권의 힘

재건축·재개발 사업장이 관리처분인가를 받으면 해당 사업장의 조합원들이 새로 짓는 아파트에 입주할 수 있는 권리를 갖게 된다. 이를 '입주권'이라고 한다. 청약 신청을 통해 당첨이 되어야 가질 수 있는 분양권과 달리 '100% 당첨이 확실한 권리'라는 의미에서 입주권은 '청약가점 84점의 무적 통장'을 갖는 것과 마찬가지라고 이야기한다.

조합원 동·호수 추첨 발표를 할 때가 되면 꼭 청약 발표를 기다리는 것처럼 기분이 묘해진다. 이 역시 청약홈을 통해 발표되는데, 그 순간을 기다리다 보면 희한하게도 가슴이 콩닥콩닥 뛴다. 당첨을 기다리는 것도 아니고 그저 동·호수 발표인데도 말이다.

조합원은 거의 '로열동', '로열층'에 우선적으로 배정해 주는 경우가 많다. 그리고 실제로 동·호수가 발표되고 '로열동', '로열층'을 확인하면, 그야말로 84점 만점자가 된 것처럼 흥분된다. 청약에서는 늘 떨어져서 운이 없는 사람에게도 입주권은 꼭 돈으로 행운을 산 것 같은 기분마저 들게 한다.

당첨되고 싶은 아파트에 청약을 넣었다가 떨어지면 그 상실감은 이루 말할 수 없이 크다. 그러므로 내가 꼭 사고 싶은 지역이 있다면, 해당 지역의 입주권 매물을 찾아보는 것도 좋은 방법이다. 더욱이 최근 서울에서 분양하는 단지는 거의 대부분 재건축·재개발 대상 아파트라서, 조합원 물량을 빼고 나면 남는 일반분양 물량이 적다. 서울의 유명 단지인 '올림픽파크포레온', '래미안원베일리'도 재건축·재개발단지다. 실제로 서울 내 분양예정물량의 90% 이상이 재건축·재개발단지에서 나온다. 거기에서 특별공급 물량까지 뺀다면, 재건축·재개발 아파트에서 일반 청약으로 당첨되기는 정말 '바늘귀에 낙타를 넣고, 하늘의 별을 따는 수준'이라고 해도 과언이 아니다.

'하다못해 입주권까지 챙겨봐야 하는 걸까?'라는 생각이 들 수도 있다. 새 아파트 당첨이 최종 목표라면 '청약'이든 '입주권'이든 당첨 확률을 높이는 방법을 찾는 것이 현명하지 않을까?

비교해 보자, 입주권 vs 분양권

조합원이 갖고 있는 입주권은 타인에게 승계(매도)할 수 있다. 입주권 거래는 재건축·재개발 아파트가 있는 지역의 부동산을 찾아 문의를 하면 거래 물건들에 대한 정보를 쉽게 얻을 수 있다. 입주권 매물이 있다면 동·호수를 발표했는지 여부(진행 단계 확인)와 동·호수에 따른 프리미엄 차이, 일반분양분의 분양 시기, 일반분양가 등을 확인하는 것이 좋다. 입주권을 물어보면서 일반분양분에 대해서도 같이 물어보기 바란다. 꼭 잡고 싶은 아파트라면 다양한 기회를 열어두는 것이 좋기 때문이다.

입주권을 매수하면 한 번에 들어가는 초기 투자금은 일반분양을 받는 것보다 많다. 하지만 조합원분양가가 일반분양가보다 저렴하기 때문에 결국 총 취득가액은 더 적게 들어가는 셈이다. 중요한 것은 일반분양은 당첨 확률이 낮으므로 꼭 사고 싶은 아파트라면 입주권을 매수하는 것이 더 확실한 길이라는 사실이다.

덧붙여 재건축·재개발 사업의 '재당첨제한'에 대해서도 짚고 넘어가는 것이 좋겠다. 앞서도 재당첨제한에 대한 내용을 다루긴 했지만, 입주권 거래 시에도 특별히 유념해야 하는 부분이 있다. 그러니 재건축·재개발의 재당첨제한 내용은 꼭 별도로 체크해 두기 바란다.

투기과열지구 내 재건축·재개발 아파트의 조합원분양분, 일반분양분의 분양 대상자는 선정일(조합원분양분의 대상자는 관리처분인가일, 일반분양분의 대상자는 당첨일)로부터 5년 동안 투기과열지구 내 다른 재건축·재개발 아파트의 조합원분양 및 일반분양 모두에 신청할 수 없다.

분양 대상자를 판단하는 기준 역시 잘 이해해야 한다. 조합원분양자는 '최초 관리처분인가일 당시의 대상자'를 입주 당첨자로 간주한다. 만약 투기과열지구 내에서 관리처분인가 이전에 입주권을 매수했다면 조합원분양의 당첨자이므로, 5년 이내에 투기과열지구에서는 재건축·재개발 분양 신청과 일반 청약 1순위를 제한받는다. 그런데 만약 관리처분인가 이후에 입주권을 매수했다면, 입주 당첨자로 간주되지 않으므로 일반 아파트 청약이 가능하다.

또한 투기과열지구 내 분양단지는 당첨일부터 입주 당첨자로 관리되므로, 일반분양분을 당첨받은 사람은 5년 이내에 투기과열지구에서 재건축·재개발 아파트 분양 신청과 일반 청약 1순위 모두를 지원할 수 없다. 분양권을 매수한 사람은 해당되지 않는다.

재당첨제한 대상인 줄 모르고 재건축·재개발 아파트의 조합원분양 신청을 하거나, 일반분양을 받았다가 '부적격 처리'되는 사례가 많아지고 있다. 조합원분양자의 경우, 분양권을 인정받지 못하면 현금 청산이 되어 감정평가액만 돌려받고 나머지 돈은 보상받을 수 없기 때문에 금전적 손해가 발생할 수 있다.

또한 일반분양 시 재당첨 사실이 밝혀지면 당첨 취소는 물론이고 해당 매물을 매수한 사람도 당첨이 취소될 수 있으므로 더욱 유의해야 한다. 혹시 이에 해당되는 경우거나 헷갈리는 사항이 있다면 꼭 국토교통부에 문의해 보길 바란다. 단 한 번의 기회를 위해 평행을 갈고 닦아온 청약통장이 허무하게 날아가서는 안 될 일

이다. 반면 투기과열지구 내에서만 해당하는 사안이니 지레 겁부
터 먹을 필요도 없다.

아직도 고민하고 있는
당신에게

부동산은 언제나 고민의 대상이다. 물론 청약도 마찬가지다. 가격이 비싼지 싼지, 이 단지가 좋은지 나쁜지, 어느 지역의 어떤 곳을 봐야 하는지, 어떤 평면과 타입을 골라야 하는지, 청약을 정말 넣어야 할지 말지 모든 과정과 순간이 고민의 연속이다.

이 책의 집필은 그런 무한한 고민의 한가운데에서 갈피를 잡지 못하는 이들에게 친절한 가이드가 되어주면 좋겠다는 마음으로 시작되었다. 청약에 주목해야 하는 이유를 짚어보는 데에서 시작해 청약에 관한 기본 지식, 청약 전략과 탐색 노하우, 실전 지식, 청약을 대신하는 대안을 찾는 여정까지 큰 봉우리를 넘듯 하나씩 꼼꼼하게 짚어보았다. 지금의 마무리 단계에까지 이르고 나니, 나

조차도 '청약'이라는 테마로 하나의 기나긴 여정을 거쳐온 기분이다. 『대한민국 청약지도』라는 제목에 걸맞게 이 책이 내 집 마련을 준비하는 대한민국 모든 국민의 여정에 꼭 필요한 안내자가 될 수 있다면 더없이 좋겠다.

청약이라는 여정의 향방은 '플랜'에 달려 있다. 자신의 상황에 맞게 계획을 세우고 만반의 준비를 해야만 헤매지 않고 순탄하게 고지를 점령하며 나아갈 수 있다.

만약 내가 신혼부부로 돌아갈 수 있다면, 나는 제일 먼저 소득 기준을 확인할 것이다. 맞벌이 소득으로 신혼부부 특별공급 자격이 된다면, 그것부터 집요하게 공략할 것이다. 만 7년 동안 넣을 수 있으니 사용할 수 있는 날짜를 헤아려볼 것이다. 그사이에 자녀가 생긴다면 더욱 좋을 것 같다.

'어디에 살 것인가?'에 대한 고민도 진작부터 할 것 같다. 전세를 살더라도 향후를 생각하며 분양 물량이 많은 지역을 선택할 것이다. 아직 내 가점이 낮다면, 분양단지마다 최저가점을 조사해 볼 것이고, 추첨제로 노릴 수 있는 청약 지역도 탐색해 볼 것이다. 그렇게 공부를 하며 내가 할 수 있는 방법은 다 활용하고 도전해 볼 것이다. 설령 안 된다고 하더라도 주저앉지 않고 차선책을 찾고야 말 것이다.

누가 부동산 투자를 쉽다고 말했던가? 그렇지 않다. 모든 일이 그렇듯 부동산도 손품, 발품, 입품을 들이며 노력한 만큼 결과를 얻을 수 있는 '노동'이다. 나 역시 하루도 빠짐없이 각종 부동산 뉴스와 정보를 스크랩하고 분석하며 데이터를 쌓고, 일주일에 몇 번씩 신발이 닳도록 임장을 다니며, 강의와 유튜브 방송, 칼럼에 시간을 쏟으면서 멈추지 않고 부동산 지식을 쌓고 있다.

이 책에는 그간 내가 쌓아온 모든 것이 담겨 있다. 내가 알고 있는 청약에 관한 지식을 아낌없이 쏟아낸 이 책이 당신의 새로운 도전에 발판이 될 수 있기를 진심으로 바란다.

단언컨대 부동산은 삶의 터전이자, 나의 노후를 위한 든든한 버팀목이 되어줄 것이다. 힘들게 모은 종잣돈을 어떻게 사용하느냐는 각자의 선택일 테지만, 나는 당신의 미래에 투자하라고 말해주고 싶다. 내 집 마련을 위한 '부동산'에 말이다. 그리고 당신의 '내 집'을 위해 적극적으로 청약을 이용해 보라고 말하고 싶다. 그러기 위해서는 청약을 잘 알아야 한다. 알아야 이용할 수 있고, 이용해야 가치를 만들어낼 수 있다.

'청약은 '로또'나 마찬가지라는데, 그게 나랑 상관있는 일이겠어?'

'책 한 권 본다고 얼마나 도움이 되겠어?'

이렇게 생각했던 사람이 이 책을 통해 달라질 수 있다면, 거기서 더 나아가 내 집 마련을 위해 자신만의 계획과 전략을 세울 수 있게 된다면 그것이야말로 이 책을 쓴 큰 보람이 되지 않을까 싶다.

『대한민국 청약지도』가 큰 사랑을 받고 벌써 세 번째 옷을 갈아입었다. 그 사이 청약 제도는 눈에 띄게 심플해져 그토록 바라던 '누구나' 당첨될 수 있는 시대가 왔다. 이 사실을 알게 된 것만으로도 당신은 이미 남들보다 한발 앞섰다. 이 책을 하룻밤에 단숨에 읽고 누구보다 쉽고 빠르게 청약의 문턱을 뛰어 넘기를 바란다. 이 책을 읽는 모두에게 당첨의 행운이 깃들기를 응원한다.

부디 딱 1년만
청약을 공부하라!

바로 지금이 가점 없는 우리가

7년간 기다려온 '당첨의 봄날'이다!

NEW 대한민국 청약지도

초판 1쇄 발행 2023년 4월 18일
초판 3쇄 발행 2023년 4월 24일

지은이 정지영
펴낸이 김선식

경영총괄이사 김은영
콘텐츠사업본부장 임보윤
책임편집 한다혜 **디자인** 윤유정 **책임마케터** 이고은
콘텐츠사업1팀장 한다혜 **콘텐츠사업1팀** 윤유정, 성기병, 문주연, 김세라
편집관리팀 조세현, 백설희 **저작권팀** 한승빈, 이슬
마케팅본부장 권장규 **마케팅2팀** 이고은, 김지우
미디어홍보본부장 정명찬 **브랜드관리팀** 안지혜, 오수미
크리에이티브팀 임유나, 박지수, 변승주, 김화정 **뉴미디어팀** 김민정, 이지은, 홍수경, 서가을
지식교양팀 이수인, 염아라, 김혜원, 석찬미, 백지은

디자인파트 김은지, 이소영 **유튜브파트** 송현석, 박장미
재무관리팀 하미선, 윤이경, 김재경, 안혜선, 이보람
인사총무팀 강미숙, 김혜진, 지석배 **제작관리팀** 최완규, 이지우, 김소영, 김진경, 양지환
물류관리팀 김형기, 김선진, 한유현, 민주홍, 전태환, 전태연, 양문현, 최창우
외부스태프 지도 노경녀

펴낸곳 다산북스 **출판등록** 2005년 12월 23일 제313-2005-00277호
주소 경기도 파주시 회동길 490
전화 02-702-1724 **팩스** 02-703-2219 **이메일** dasanbooks@dasanbooks.com
홈페이지 www.dasan.group **블로그** blog.naver.com/dasan_books
종이 IPP **인쇄** 민언프린텍 **제본** 제이오엘엔피 **후가공** 대원바인더리

ISBN 979-11-306-9906-6 (03320)

다산북스(DASANBOOKS)는 독자 여러분의 책에 관한 아이디어와 원고 투고를 기쁜 마음으로 기다리고 있습니다.
책 출간을 원하는 아이디어가 있으신 분은 다산북스 홈페이지 '투고원고'란으로 간단한 개요와 취지, 연락처 등을 보내주세요.
머뭇거리지 말고 문을 두드리세요.